FABRICE MARZUOLO

I0553672

LE ZIZI CONFETTIS

2

ISBN: 978-2-9539320-4-1

À Emmanuel, mon frangin…

LES MONSTRES

Mon frère était moins monstrueux que moi, sûr. Il est mort à l'âge de 3 mois, alors que moi j'ai vécu assez longtemps déjà en dépit d'une polio et d'un croup chopés à la maternité! C'est dire ma perversité, je l'avais dans le sang en venant au monde, celle-là, de l'inné pur, un suc congénital à revendre. Je tenais la condition nécessaire qui rend viable tout organisme appelé à saloper la planète. Malgré tout, le suicide est une idée qui m'a longtemps poursuivi mais, en dépit de mon physique bousillé, il n'a jamais pu me rattraper. En général, les gens ne se suicident pas, ils en bavent, s'accrochent, en chient, s'agrippent. Impuissants, ils subissent, font comme si, plient, se redressent, baissent leur froc, sautillent, font ouille! mais crient : hourra!

Si au moins ils m'oubliaient, si c'était possible que je sortisse de leur mémoire mâchoire, mais non! Pas plus que je n'ai su extirper de mes neurones les mauvaises rencontres avec les gens. Elles tachent à l'indélébile, elles rognent jusqu'à l'os, elles me découpent selon les pointillés de mes faiblesses. Ils m'attendent au tournant tous les autres : attention, ça va être ma fête longtemps, c'est ma fête maintenant !

Et puis, la merde dans les yeux, on l'a tous, normal, depuis le temps que ça chie sur la planète, des milliards de milliards de tonnes, faut bien qu'elle remonte quelque part toute cette merde. N'empêche que chacun juge tout le monde. Les heureux de naissance surtout, ceux-là veulent épandre leur recette du bonheur partout – un danger, ceux qui te veulent du bien, pire que ceux qui te baisent pour leur seul plaisir et qui seraient presque excusables à côté du fieffé philanthrope. Enfin, grosso modo, on se met tous dans le même sac et on se balance aux ordures. Hop ! Quoi de plus censé qu'un bonheur inachevé ? La dernière touche, c'est toujours du malheur.

Quand j'y repense, j'ai l'animosité qui grimpe. Comme on est pris pour un con toute une vie durant, c'est terrible. À mort tous !

Ha ! J'allais les oublier, ceux qui ont le respect d'eux-mêmes ! Je parle de ces individus qui me tombent sur le paletot chaque fois que je crache sur la vie, que j'affirme qu'on est tous des sacs de viscères, de la glande à perte de vue, y paraît que ce n'est pas me respecter ! Se respecter soi-même, pas une mince affaire. Une prouesse, un exploit surtout quand on les connaît ces respectueux du nombril, on se dit qu'il leur faut bien du talent pour réussir à se satisfaire de leur personne. Y en a, par-dessus, qui se trouvent beaux, y'a plus de limite, ils coulent en eux, ils s'inondent, ils se submergent, deviennent les sous-marins d'eux-mêmes! « Pourtant, celui qui a ouvert les yeux une seule fois dans sa vie – l'accident peut arriver, un éclair de lucidité suffit, désormais cet homme-là ne peut ignorer que la planète a horreur de la beauté! »

Celle qu'on nous vend recèle les abjections les plus sordides – un bouquet de fleurs sur une charogne, la beauté ici-bas! Un pseudo élan de l'âme, la beauté, qui sent le bas-ventre à plein nez, avec des ouvertures sonnantes de machines à sous.

Non, tout ce qui est beau est détruit avant de pouvoir l'être. La beauté n'est qu'un bagage abandonné dans une gare, les démineurs surgissent : boum! Sur cette terre, rien ni personne n'est beau longtemps. Chaque spasme de beauté est anéanti sur-le-champ…Alors, je le crie fort : attention, humain à l'horizon !

DÉSAMOUR

La libération de la femme, quel enculage ! Du prétexte à l'enchattemment, oui. De l'emmoulage
illimité ; elles cocufient à l'envi, légalisent la putas-
serie voilà le fonds de commerce. Une bande de
dégénérées qui portent leur chatte autour du cou,
l'enroulent en boa ! Je revendique une baise dans
la noblesse ! « Je suis au-dessus, je vise la sur-
démocratie, moi, l'élévation des hommes ; c'est
dit, n'en déplaise à la libération des bêtes ! »
L'amour est une saloperie ! Faut voir les
branques, à vous vibrionner le cardiaque, en tout
cas, à vous dégoûter de l'amour, et rien qu'à sucer
le mégot du mot, déjà – Là… suffit, couché !
À s'écœurer de soi-même, même. À ne plus se
regarder dans une glace tellement la honte de soi
terrasse d'avoir aimé des pelleteuses, des défon-
ceuses, des engins de terrassement, voilà, de la
viande à explosion.
Les putes. Je sais ce que c'est qu'une pute et les
pires sont celles qui investissent sur la construc-
tion du couple et vous bradent l'éphémère en vue
du crédit sur 30 ans.
Ce sont celles du pognon de la main au cul direct
qui vous causent le moins de dégât.
Et l'autre, elle avait réuni tous les braquemarts
sous ses draps, le continent africain et celui de la
Chine collés, plus une cerise par-dessus, une pel-
letée de gouines. Cet engin est venu me ramasser

sans dire ouvertement les choses et, puisque j'avais les yeux fermés en cœur, elle n'allait pas me les ouvrir !

J'y comprenais que couic, à part peut-être que je m'étais complu un temps dans le rôle de l'imbécile de service ; je suis né dans un milieu pauvre où il faut apprendre rapidement à courber l'échine pour survivre, et probablement que sans en prendre garde, avec le temps, j'ai fini par y prendre goût. La nature humaine est bien étrange. Je crois que cette femme cherchait un équilibre entre de nombreux amants actifs à son chevet et un mari châtré pour la stabilité du foyer. C'est bien cette figuration qu'elle comptait me faire endosser.

J'ai jamais saisi ce qu'elle mijotait sous son crâne celle-là, mais sûr, après son passage, mon paysage ressemblait fort à ces endroits abandonnés qui ont été pillés, saccagés, le sol plombé, les arbres sciés, l'air souillé, bref, j'avais tout de la friche industrielle.

Depuis, je traîne une incontinence émotionnelle, une chiasse tenace du côté du palpitant – pas beau à voir – une nuée de charognards, mon auréole ! De frustré qu'elles m'étiquettent. Pas la pitié qui les étouffe, encore moins les remords. Quant à leur conscience, elle s'est toute repliée dans la première syllabe du mot. Réduite sur ce feu là, elle mijote aux petits oignons. Leur bruissement m'est resté dans les esgourdes autant je suppose que le fameux bruit de l'œuf dur cassé sur un comptoir, dans la mémoire du crève-la-faim… Toutes celles qui m'ont largué, qui sont parties –

elles ou moi, qui, je ne sais plus, mais toutes, ont bien lutiné après, se sont épanouies, elles qui le disent et s'en vantent :

— Moi ça va bien oui ça va bien moi ! Pour moi aucun problème ! Moi et moi et moi et, toi ?

Ces paroles me soufflent toujours une exhalaison de sapine dans la binette ! Elles se sont bien remises de ma rupture, mieux, ma rupture les a revitalisées ! Des garces, pas à redire. C'était moi qui m'érodais, moi qui partais en miettes, rogné, défait, castré, condamné à bouffer du Viagra pour une vie à graillonner !

Qu'elles jaunissent !

Si certains longtemps se couchent de bonne heure, moi, de longues nuits je me suis demandé d'où me venait cette guigne avec ce sexe dit faible —ce n'est pourtant pas à cet endroit que je situe leur talon d'Achille. La femme, l'avenir de l'homme, ça oui alors : chaque femme est une tombe, et un jour c'est la bonne. Fatalement.

MÊME PAS EN PEINTURE

J'attaque la troisième écuelle de cacahouètes et le cinquième demi, voilà le contexte, grosso modo. Un type, un artiste peintre avec un look de moniteur de ski qui glisse parfois à côté des pistes, me bave dessus une sale histoire de fesses en cœur interminable, que je résume à ma façon : Elle m'a dit, la tigresse, qu'il me dit, que mes mots d'amour sont comme des tableaux, beaux, peut-être, mais certainement inutiles. Dans une maison, ce qui compte, c'est le toit, les murs, tout ça, le concret quoi, et payer les factures aussi. Les tableaux, on les accroche en tout dernier, et encore. Je lui réponds qu'elle a du bon sens sa peinturlurée, que toute ma vie j'ai peint la girafe et qu'en définitive, nonobstant le temps que ça prend, ça ne vaut pas le coup, vraiment pas, elle n'a pas tort pour *le coup* !
-T'aurais plutôt dû la peigner, ta girafe, qui m'fait.
Pas le goût de jouer sur les mots, le peintre.
Il ne veut pas entendre, il geint encore, répète, devant un tableau :
- J'aurais dû lui percer le cœur et l'accrocher au mur avec des chevilles, tu sais celles qui s'écartent quand on les visse. Un bloc de pierre cette femme. De la pierre du haut en bas.
J'en avais subi de pareilles, je comprenais bien son aigreur... Il les balance à la manière dripping, ses belles de nuire !

Pas que de la pierre, je lui oppose. Tu ne pleurnicherais pas pour un vulgaire sac de pierres !
Doit bien avoir un endroit où elle devient plus tendre, non ?
Là, il se gratte le menton et me lorgne étrangement.
– C'est pourtant vrai, il l'avoue. Mais quand t'es pas aimé, c'est là où c'est le plus tendre que c'est le plus dur.
Il semble à bout de force, il va pleurer ma parole !

Je pense qu'il devrait l'envoyer se faire cuire un œuf, sa meuf.
– T'es tombé sur une bien pourrie, t'as mordu dans un fruit véreux, recrache tout, et vite ! Voilà mon avis.
Après ce premier conseil, j'attaque la dentelle :
– Un homme, s'il a une petite chance de se libérer de sa maudite condition, ce n'est jamais avant que sa bite ne lui serve qu'à pisser alors... ne lâche pas le pinceau pour la bite !

PETITES PROSES DES BARS

Je suis sur ce tabouret, mal assis comme dans la vie ! C'est l'idée qui me traverse l'esprit pendant que je remue des fesses pour trouver la moins mauvaise position. Et les idées noires s'invitent : que si je mourrais à la minute, je veux dire pas des suites d'une longue maladie, au moins je n'aurais pas tout perdu dans la vie. Ce que je crains le plus, ce n'est pas la mort mais les hôpitaux, leurs sales odeurs, les singes savants dans leurs blouses blanches, ceux-là vous étirent le calvaire sans vergogne. Ils ont l'état d'esprit pour vivre longtemps, eux, sont sur la planète comme dans un fauteuil, toute la vie leur sied, ils s'imaginent que tout le monde est comme eux, qu'on veut vivre absolument, s'alambiquer les douleurs jusqu'à plus soif ! Seulement, pour moi, ça ne marche pas, je survis dans la médiocrité, elle me colle à la peau, quasiment je suis tombé dedans quand j'étais petit, et je trouve cette situation insupportable, d'autant que je dois la supporter ! Cela n'empêche pas que je peux bien essayer d'exister un peu, ô ! C'est un rien prétentieux, je sais, mais tout de même légitime.

En sortant du troquet, je lève les yeux, je trouve qu'au milieu du ciel, le soleil ressemble à une brûlure de cigarette. ça ne me déplairait pas que, tout là-haut il y ait un type qui tire sur une clope en observant, incrédule, les bousiers tourner sur eux-mêmes. Une fois rentré à la piaule, je me cale dans le fauteuil, je bouge le moins possible, je m'économise les gestes, la respiration ; plus je m'efface, moins je me sens mal. C'est encore insuffisant. Je me siphonne un tube de lait concentré sucré, entier, mais ça n'augmente pas mon moral. Juste l'impression que la vache se déconcentre dans mon ventre !

*

Tombé quatre fois amoureux fou dans la soirée ! D'abord, la serveuse et ses vingt ans dans la robe fuseau que je suis des yeux. Elle m'indique une place alors que je reste collé au lustre à dévorer la chose qui certainement n'est pas sur la carte des menus. Et je m'assois sagement.

Arrive une cliente accompagnée de son chevalier –qu'importe, elle exhibe tout Arcimboldo sur son éventaire échancré, mmh! les crudités sans assiette, les déserts à pleines dents ! Je me jette sur les melons, mords les pastèques, croque les pêches. Elle lèche sans plus de retenue tout le jus qui coule sur ma poitrine... Stop ! Une autre femme, plus en chair, me frôle, à prendre illico dans les toilettes proches ou dans tout lieu plus propice, pourquoi pas derrière les thuyas de la terrasse pendant que les clients se goinfrent.

Et la patronne, ohé la patronne, renversante! Engageante comme une crème brûlée ! À déguster sans cuillère, les yeux bandés, les mains nouées

derrière le dos, toute la tête en action, le cou tur-
gescent, à coups de langue…Mais quelqu'un me
coupe l'élan. Quelqu'un avachi dans son hamac
Dim me fait signe :
-Toujours à l'œuvre par des paroles, mais moi, je
m'ennuie !
-Rendors-toi petit oiseau.
La réalité est trop triste pour l'habitant de mon slip
-Le plat du jour, ça ira.
Et quelqu'un place sur la table devant moi, une
nappe en papier, blanche comme le drap des fan-
tômes.

*

Il me parlait des relations entre hommes et
femmes. Ce sujet ne me passionnait pas plus que
d'autres, j'avais renoncé depuis déjà longtemps à
comprendre quoi que ce fût aux femmes, aux
hommes, aux chats, aux chiens et mêmes aux
fruits et légumes. Bon, ce qu'il en disait ne
m'empêchait pas de vider mes godets. Il affirmait
qu'il lui était arrivé souvent de feindre de s'inté-
resser aux femmes tout simplement parce que les
pensées situées sous la ceinture étaient générale-
ment moins éprouvantes que toutes les ques-
tions qu'il se posait sur la vie. Une facilité qu'il
payait au prix fort.
- Car du côté de l'autre sexe, si les convenances
diffèrent, une femme peut très bien s'engager
dans une histoire avec un homme sans l'aimer. Il
suffit qu'elle y trouve un intérêt.
Il soutenait encore:

- Particulièrement, un désir de maternité non satis-
fait peut les pousser dans les bras de n'importe
quel tocard susceptible de verser une pension
alimentaire.

Tout ça me donnait soif, j'approuvais en vrac les
propos, les pimentant de quelques salacités qui
redoublaient la descente aussi efficacement que
les amuse-bouche.

-Si t'as la trique et que tu tombes sur une nana
bloquée sur sa fonction génératrice, t'es marri
avec deux r!

Les conneries ça y allait, mais il levait le coude de
plus en plus souvent, ce qui le rendait supportable
à mes yeux. Je faisais signe au barman pour qu'il
remplisse les verres, et il en fallait des catalyseurs
pour faire passer une philosophie pareille.

*

Je me suis laissé becqueter les yeux, le foie ; Je
n'ai plus de lèvres, je suis une tête d'amour.

Mille fois le ciel m'a crié : attention ! Mille fois les
arbres ont voulu me retenir – mais que peuvent
l'air, le bois, contre la voix d'une femme ! Et son
âme et sa chair, j'étais dans cette tempête, le
cœur à l'envers. Elle comptait tranquillement mes
épaves, trempait quelquefois le bout d'un orteil
dans mon naufrage, ou se mouillait encore moins,
elle usait du bâton pour frapper la surface de
cette eau triste quand elle jugeait que je ne buvais
pas la tasse assez vite !

Il y a des lames qui vous fracassent à rendre votre
carcasse spectaculaire ! Comme elle aimait en-

tendre mes os craquer, elle exhibait son absence d'amour pour moi jusqu'à la limite de rupture puis elle me tendait sa bouche en cœur avec la magnanimité du bourreau qui prolonge le plaisir, d'une goutte d'eau fraîche déposée sur la langue desséchée du supplicié – amour ! torture ! Le doute qu'elle distillait ainsi dans les veines me secouait chaque fois comme un courant électrique, coupait ma respiration, mordait ma chair férocement. J'étais à terre ; j'étais à ses pieds ; recroquevillé ; réduit ; aspiré dans mon insondable imbécillité !

Mais quand deviendrai-je un homme serein, un homme simple, qui gardera l'ivresse et brisera les verres, que les femmes aimeront ? Probablement jamais. Maintenant que je sais qu'il n'y a plus rien d'autre à espérer –que l'amour s'est dit froidement :

- à présent qu'il est ferré, je m'amuse avec lui, tantôt je tire sur la corde, tantôt je donne du lest!

Parfois, on s'étrangle lentement avec un nœud sur l'estomac qui joue au pendu avec soi.

Il faut avoir un but dans la vie. Cette ânerie m'avait longtemps poursuivi et puis, tardivement, avait fini par me rattraper : à plus d'âge, je venais de me découvrir un but !

Un but en forme de disque solaire, aux lamelles ondulantes et innervés. Un bulbe coloré d'une teneur d'oxymore –d'un ton caramel sombre et lumineux.

Un but à la fois élevé et vulgaire, du moins dans l'optique d'un esprit étriqué. Alors, disons élevé mais d'une impétuosité giclée des profondeurs ; un nuage d'onctuosité sur de la braise.

Avec un tel but en tête –ce but à la place de la tête, l'existence sent la foudre, des éclairs zèbrent partout à l'horizon, les yeux sont éraillés, la tension monte avec la fièvre, les muscles se convulsent. Et pourtant, je dois tenir la distance, viser cette cible, et tirer dans le mille ! Le moindre écart et je me retrouverais nez à néant devant ce but !

La mort m'avertit : fais gaffe au néant ! Comme si cela pouvait me servir. Elle frappera où que je sois, pourquoi alors cette mise en garde ? Qu'elle perde son temps avec moi m'étonne toujours un peu. A-t-elle déjà manqué son dernier client ? Ou elle me sent cadavre avant l'heure, je lui fais la nique, lui passe me sous le nez !

-Il n'y a plus rien à tuer en toi ! déplorerait-elle

Mes faux pas auraient devancé sa faux.

Tiens, maintenant je le perçois bien : le but de ma vie, il est posé sur le tabouret du comptoir, je suis assis dessus !

Je fixe le fond de mon pot à bière, je m'enterre dans du liquide ! Je veux me concentrer, je cherche qui est je ! *Je est un autre*, c'est bonnet blanc et blanc bonnet ! Dans la vie, les coups de pied au cul, ils conglomèrent les identités. Passé un certain âge, il ne faut plus abuser des formules de poète, c'est tout.

Je mate la patronne derrière son bar, elle ne vieillit pas plus vite que la musique. Au bout de l'ennui, je lui trouve de beaux restes. D'ailleurs, dans mon état, je taillerais un brin de causette avec une mouche perdue sur le faux-col d'un bock. Pis j'ai mon but qui me revient, *entêté* comme la mouche du bock, celui-là !

Il me demande si ça va, je réponds *ça va sans aller*, une formule passe-partout. J'ai mis au point ce congélateur à neurones qui s'ouvre directement sur une gueule à micro-onde pour servir rapidement du tout cuit et ainsi couper court aux conversations sur le temps qu'il fait. Mais ça ne fonctionne pas toujours, hélas :

-T'as pas été heureux ? la question m'est adressé.

Heureux, le mot m'exaspère, je le fais savoir :

-Heureux, c''est quoi ce jargon de pédale !

Heureux, pas heureux, tous ces gens heureux y m'ont jamais donné le goût de l'être, ça c'est sûr. Ecœuré des heureux ! À vomir ! À chier ! D'ailleurs, tu peux toujours leur marcher dessus, essaye, ça pourra pas te porter malheur !

Là-dessus, il passe du coq à l'âne :

-T'as entendu la dernière ? Le Condé a disparu.

C'est qui le Condé. C'est la question que je pose.

-Une rock star ! Tu ne connais pas mais tu vis où toi !

Encore une musique de vache. À brouter ; des trompettes de bourricots ; des xylophones qui se tamponnent ; des basses rapides, des binious durs de la feuille ! J'exècre la musique depuis qu'elle sert de foin aux masses, depuis ces tubes qui les entubent jusqu'aux succès d'aujourd'hui !

-Le Condé, mince, *les restes d'une voix qui tombe et d'une ardeur qui s'éteint.* Je récite de mémoire.

-Qu'est-ce tu radotes ?

-Du Bossuet, l'oraison funèbre, j'annonce, fier de moi.

-Mais quel langage que tu causes toi ! C'est de l'ourticaire faut croire, y me file des papules partout !

L'ourticaire ! Ha ! ha ! ha ! le barman n'en revient pas, il la ressortira. Dans la salle, la serveuse à branlettes qui passe une serviette sur les tables, se marre. Toujours sa coupe de cheveux en corolle de rose. Avec pour le piquant, enfin en guise d'épines, un short qui lui colle à la raie.

L'ourticaire, il ne lit pas dans mes pensées, celui-là, il a seulement surpris mon regard, il en bafouille:

-Hé ! Bossuet, tu vas tout te bossuer sous la ceinture !

Alors-là, il déclenche le feu des orifices par les bouches, des ha !ha !ha ! et des hi !hi !hi ! Par gerbes, la moisson bat son plein.

Je coupe court, je joue le malin : Monsieur a fait l'école du sexe sur Internet, dans la foulée, l'anglais en 1 semaine et la maitrise du poste en 24 heures, plus, et là on y arrive : la pratique de la vulve en 10 minutes chrono, le package idéal pour la réussite, bravo ! C'est de l'humour qui jette un froid. Plus un rire, tous stoppés net. Je ne suis qu'un mal-aimé mais je m'y suis fait. L'homme possède des facultés d'adaptations exceptionnelles. Et ceux qui leur bottent le cul régulièrement le savent, c'est pour ça qu'ils changent de pompes souvent, tellement les fesses bottées se conforment vite au cou-de-pied de la godasse qui les distribue, au point de ne même plus le sentir ! C'est ainsi que je me suis intégré à moi. Depuis, je vide les bars de la clientèle bien avant d'être plein. À mon approche, les tenanciers grimacent.

COMMANDEUR

Les jours ensoleillés, je ne les supporte que vus d'un coin sombre derrière des vitraux ou vus de la salle des brasseries qui tamisent la lumière à travers des chopes de bière géantes. C'est là que je suis, pas loin du cimetière Montmartre. Je suis installé à une table à l'étage, j'observe le défilé des voitures, les allées et venues des passants, à proximité du lieu où se situait le fameux *Gaumont Palace* disparu depuis. Là, y a encore des vieux espions égarés de la guerre froide qui s'échangent discrètement, des micro-documents sur les farines animales qui transitent par la Sibérie via la Californie. Ceux-là, je les repère aisément. Pis y a aussi des dromadaires déguisés en hommes et chaque fois trahis par les femmes qui se retournent sur eux car, comme moi, elles ont tout de suite mis le doigt, façon de parler, sur la proéminence de la bosse qu'ils tentent vainement de dissimuler entre leurs cuisses. Elle les encombre, alourdit leur démarche, les rend un rien chameaux.

Et les touristes, ha ! les touristes, des proies faciles. Je les vois qui cherchent, ils avancent, ils reculent, manquent de se faire écraser – pas toujours, ils virent, tournent leurs guides (Paris à vol de pigeon, en cinq minutes) comme un volant de formule 1 ou une boussole pince-sans-rire, les tordent dans tous les sens, les secouent, on ne sait jamais, le renseignement peut miraculeusement glisser des pages. D'ici je ne les entends pas bien sûr, mais je devine la question qu'ils finissent par poser à celui qui n'est pas du quartier, qui s'excuse, qui est désolé, vraiment il n'est d'ici, il ne sait pas, d'ailleurs à ce stade, tous ont oublié la question sauf moi car j'ai tant de fois dû y répondre : la tombe de Jim Morrison, *please*... Et chaque fois j'ai indiqué la tombe de Dalida puisqu'en définitive, tous les chanteurs morts se valent.

À l'instant pile où je commence à me lasser du spectacle de la rue, je croise le regard de la femme qui vient de reposer son bock sur le carton, elle me sourit, je lui souris, Paris sera toujours Paris, quelle connerie mais je n'ai jamais su d'où me venait cette source intarissable d'inspiration dont j'use sans compter pour aborder les inconnues, depuis mon plus jeune âge, le don doit remonter à plusieurs générations je pense, et je lui accorde volontiers un prestige équivalent à celui du sang bleu, c'est dire.

-*Come here, yes !yes !* ici, oui !

D'un geste, je l'invite à s'asseoir à ma table, elle accepte aussi sec, avec le sourire. Jusque-là, rien d'extraordinaire – remarquez qui a la variante : vous permettez, m'étant préalablement levé, j'aurais avancé vers elle, mon verre à la main. Mais ma version offre plusieurs avantages, déjà celui d'avoir pu admirer sa silhouette et celui aussi, d'éviter de mettre en avant ma petite taille, qu'un mètre soixante-treize, ainsi que mon léger embonpoint. Après tout, les rois s'étaient fait tirer le portrait sans leurs furoncles, bubons, leurs verrues, leur vérole, leur bec-de-lièvre, leur nez de bœuf, leurs dents pourris, leurs yeux chassieux, sans la connerie sur le front non plus, comme une révolution avait eu lieu depuis, chaque citoyen, s'il n'a toujours pas les moyens de gommer ses tares, n'est plus obligé de les exhiber dans les foires ou ailleurs. La femme assise en face de moi ne ressemble ni à Carla Bruni ni à Arielle Dombasle, deux références qui me viennent comme des cheveux sur la soupe. Elle ne ressemble pas non plus à Brigitte Bardot, je songe à dresser la liste de toutes les célébrités à qui elle ne ressemble pas, mais ce serait me moquer ouvertement du lecteur. Que dire sinon que je suis en train de causer de la pluie, je me mouille toujours un peu, quand brusquement la garce me plante ses ongles sur le dos de ma main, celle qui, naïvement tripotait la table ! La vache, elle me griffe la peau tout le long ! Je braille aïe ! aïe !

Mais la griffeuse ne réagit pas, visiblement pour elle, il ne se passe rien d'anormal ! Elle me regarde et sourit, je me dis ça doit être un truc sexuel mais tout à coup, ni une ni deux, je me prends un grand coup de pied dans les tibias ! Là je gicle de la chaise, merde, je gueule ça va pas non ! Et elle ne s'énerve toujours pas, elle arque béatement sa bouche, c'est le calme plat, la mer d'huile, pas un regard au-dessus de l'autre, la croisière parfaite, la promenade sur l'eau, la vêprée, l'oisiveté dans son nid, la plénitude endormie, la méridienne sur le dos, la sodomie en vaporisateur, rien que de la fraîcheur ! J'attends un peu, abasourdi que je suis, et tout auréolé d'air con probablement, je finis par me rassoir et là, direct, je m'encaisse un aller-retour dans la binette, si costaud, que je me mets à pisser du nez, parole ! Un *rouge tomette*, ces carrelages à l'ancienne – pourquoi pas ce rouge-là mais de quel vieux bouge je l'extrais ! Je suis sans voix, je regarde les gouttes de sang s'anéantir en spirales au fond du liquide jaunâtre. Et là, quand même, je fonce sur elle, la tueuse, le bourreau, l'assassin, la femme publique numéro 1 ! pas le temps de m'indigner, elle m'agrippe la grappe, presse comme une malade, je tombe à genoux, elle me couronne la cerise d'un grand coup de pied ! me v'là les quatre fers en l'air, je fais tourner au bout de mon nez un carrousel d'étoiles, ça gondole salement, les tours se voilent...Au milieu des odeurs de nougats, de pommes d'amour, des tournis des fêtes foraines d'antan, je la vois réapparaitre au-dessus moi, en commandeur, dominatrice, les jambes écartées dans sa mini-jupe plissée noire. Elle me cause, je crois, ça suinte quasiment la tendresse, j'en pleurerais, elle dit quelque chose comme *Light my fire not gigi l'amoroso...* Je ne sais pas de quelles lèvres sort la voix qui dit ça et je ne cherche pas à savoir, j'ai ma dose.

QUAND L'ÄME DES VACHES PLANAIT SUR LES VILLES

La néologie faut l'entendre ! De quoi saigner du néologisme ! J'en entends dans la rue, tout le monde en use, au top, les illettrés, les franglais, les enzouloutés, les académisables, les misés, les faux muets aussi, les braillés, les débraillés ! Dans la chasse mots des téléphones portables, tout y passe, et personne ne vide jamais rien, ça pue comme à aucune époque ! La langue de la sous France, c'est le cimetière des innocents d'aujourd'hui, la pourriture en plein air, la putréfaction à bouche ouverte, la plus grande source de chlinguerie actuelle, avec les routes...et la politique. De quoi qu'elle cause : au centreco, ô au centreco ! Collabo ? Plein la pelle de son centreco, la nouvelle bibliothèque d'Alexandrie, le centreco ! La bibi d'Alexis. De l'amphibourrique oui! De l'europette!
Mon téléphone vibre...excusez...
Encore cette femme qui me rappelle, elle me coupe sous le pied l'herbe aux néologismes ! Tant qu'à faire, je vous la situe : elle vit dans le stupre, se roule dans la fange, charrie les sacs de sperme qu'elle ponctionne à l'envi. Une fois, alors qu'elle se curait les ongles de la main gauche avec ceux de la main droite, j'ai vu fuser un jet de poudre blanche, et encore aujourd'hui, je suis persuadé qu'il s'agissait de jute séchée ! Dégueulasse, vraiment j'avoue mais c'est tout elle ! Elle se réduit

à une bassine remplie de foutre cependant, quelquefois, une soudaine renaissance, un sursaut
d'arrière candeur, elle se sent une âme d'artiste
éprise de pureté! Un interlude ! C'est précisément
dans ces périodes-là qu'elle me contacte: à la
place du bon vieux dring ! dring ! une chanson de
Céline Dion, je reconnais immédiatement la son-
nerie, et c'est reparti pour de l'échange artistique,
du pur. Je deviens son rince-sperme, son oint
d'oignon. Mais de dieu ! quelle femme impulsive
elle est : elle arrive sur un coup de queue, elle
repart sur un coup de tête. Après ça, les voisins
s'étonnent :
-Vous ne souriez jamais, on ne sait pas comment
faire avec vous !
À ce propos, j'ai tout subi. Des voisins jeunes, des
stars à lunettes noires et oreilles profondes, des
vides lumineux, bordel et nuit, des musiques de
réacteurs, des baises brutales, des gastros sur les
murs. Des jeunes pis des vieux aussi, des sourds,
des odeurs de pisse, du SAMU à ça meurt ; ça
revit, et pour finir, l'éprise de chasteté, déjà citée.
Après, le silence c'est plus qu'un bruit un peu
moins bruyant.
Je ne souris même pas à ceux qui me payent.
Faudra un jour que je chiffre le manque à gagner
que m'a coûté le grippage de mes zygomatiques !
Cela m'aidera sûrement à saisir pourquoi les
autres sourient si souvent. Quoique là où je suis
maintenant, dans le métro, les souriants se raré-
fient ; ça tire la gueule, comme le type qui sort un
carnet, avec un stylo, il s'apprête à écrire, formi-

dable ! Je le sens inspiré. Puis non ! Il range l'attirail. Merde ! *Un pont Mirabeau, un dormeur du val* qui nous passe sous le nez ! De ces œuvres qui peuvent changer la vie. Moins que la perte d'un boulot, d'accord, et moins que les choses suivantes :
les six numéros du loto.
les cinq numéros du loto.
les quatre numéros du loto.
les trois numéros du loto.
D'accord aussi. Bon, moins qu'un plombier si on a une fuite d'eau chez soi. Qu'un dentiste si on a mal aux dents. Moins qu'etc. si on a des rats dans la cave.
Permettez, j'arrête la liste, j'aurais dû commencer par le moins essentiel... Faut dire qu'on a drôlement chuté dans l'essentiel. Pour l'essence, on y est en plein mais pour le ciel, là non ! L'ascension sociale et le progrès nous poussent vers du culminant sous la ceinture.
Pauvres appauvris qu'on est par l'argent qu'on gagne !
Parfois mes ennemis l'admettent, quand ils se sentent abattus. Alors ils viennent vers moi, la bête à l'écart − comme l'amatrice d'abstinence très circonscrite, déjà mentionnée. Ils sont las de la joie, du grand ramonage, des étincelles, le cul fume un peu et d'avoir tant ri, les lèvres craquèlent aux commissures. Ils viennent se refaire une santé, ils se sentent sales et trop mélangés, alors ils se rapprochent de moi, ils se lamentent, gémissent, se plaignent de la bêtise ambiante, de la

lourdeur des hommes. Je les laisse dire, j'attends que la cure de pureté s'achève. Puis tout d'un coup, hé ! oh ! Ils me trouvent triste, sans vie, sombre, pessimiste, aigri, maintenant ils veulent du troupeau a !i !o !u !u ! youpi ! Ils sont guéris, il faut viiiivre ! Danser, tralala ! tralala ! prout ! Enfin ils rejoignent la fanfare de leurs congénères, ils se tirent, bon vent ! Grand-mère m'avait appris : les gens, des grands bonjours, des salamalecs, mais tu les tiens à deux millimètres de tes joues toujours, de la précision comme les poètes qui tissent une profondeur de surface, jamais ils ne s'enfoncent, ils rebondissent et hop ! ils leur renvoient leurs images à tous ces cons !

Désolé de vous désoler !

Je ne suis pas un type fait pour vivre ! Je n'aurais jamais dû venir. Je n'ai jamais étudié à fond la question mais cette histoire de la course des spermatozoïdes vers la matrice, je n'y crois pas. Je ne me vois pas, même à l'état d'ébauche, participer à une telle épreuve et encore moins remporter la coupe ! Vu la tronche des concurrents, j'aurais déguerpi de là en urgence, les moins moches déjà font peur ! Remarquez que ceci pourrait expliquer cela : j'ai filé tout droit comme un voleur, me suis précipité dans le piège tel un imbécile, voilà qui me ressemble mieux.

Tiens, *Céline Dion* qui me rappelle. Rappelez-vous, celle qui veut toujours étouffer la volupté dans l'œuf qui a déjà donné des poussins ! Elle m'arrive couverte de vomissures, la carcasse toute fissurée, la lune toute étoilée ! Elle a subi dix nuits durant les assauts d'un marin des yachts, monté comme un yéti ! Elle l'aurait abordé avec son sourire façon Incroyable Hulk ! Elle me raconte qu'elle avait amené son baise-en-ville et tout l'attirail de la baiseuse des nasses, hauturière à souhait, qu'elle avait enfilé un de ses slips aquarium prévus pour le passage des poissons à la queue leu leu, qu'ils auraient joué leur *comédia dell'hard* ! Qu'après les enfilades répétées sur l'eau, au petit matin, le soleil tangue dans l'azur immense, il tremblote comme une flaque de pisse perdue dans l'étendue d'un mal de mer ! Je la crois sur parole. Autrement dit, elle avait été submergée par des vagues de foutre ! Quelle idée aussi, s'envoyer en l'air sur un vaurien ! Pourquoi pas un porte-avions, ou un vraquier. Sottement, je lui avais causé du *bateau ivre*, des peaux rouges. Maintenant qu'elle boucle son affaire dans un élan de pureté, j'hésite à lui parler du *dormeur du val*, à cause des trous rouges et des quiproquos qui pourraient en résulter. C'est que je ne doute pas de son âme d'artiste, mais si souvent elle dérape sur son clitoris! Avec elle, c'est la fin de l'histoire, je le sens. J'ai cureté les derniers tissus malades, raclé le fond de la barbaque, plus que du sec, de la carne, je gratte la couenne ! Le lard, c'est fini, poubelle !

QUATRE PETITES NOTES DE SILENCE

1

Ça partait bien son baratin. Il a vite dérapé. Qu'il est trop jeune pour dormir dehors - bon je crois qui a pas d'âge. Respect à ceux qui donnent - je change pas ses paroles hein mais là je trouve que c'est n'importe quoi. Comme je l'ai dit, il dérape. Peut-être à cause de l'indifférence autour, va savoir, il lâche : merde vous me cassez les pompes ! Jamais entendu l'expression-là, casser les pompes ; sûrement qu'au-dessus on lui avait déjà tout bousillé.

Je le connais ce babillard, tu lui donnes le doigt, le bras y passe, et le reste. Trop accroché à l'héro et pas du tout au boulot. Alors il tente d'exploiter plus faible que lui, dans le métro. En somme, comme tout le monde pratique du haut de la pyramide à tout en bas dans cette société, mais plus on s'éloigne du coffre et plus c'est dur et plus les miettes se réduisent. Après, tombé à ce niveau, la gueule des gens c'est plus que de l'overdose en permanence ; une gueule qui ne tue pas mais qui torture salement. Comment tu t'en sors toi hé gros malin ! qui veut savoir le camé pas désespéré tout à fait. Au pain sec et à l'eau, je lui réponds, le minimum vital ; un prisonnier de naissance au milieu des libérés de service ; un fantôme. J'ai mis un drap sur moi, pas sur le boulet à traîner, lui je l'ai doré pour qui brille, qui soit bien visible. Les autres font le contraire.

2

Ma bite m'a trop souvent servi de guide ! Pas facile, un homme est cerné par son corps. Pris dans sa chair, il est comme sous un bombardement démocratique. Faut qui se fasse tout petit, qui se rencogne. Parfois il se relève. Il existe des hommes qui se retirent, qui se retranchent dans des hameaux perdus, des ours. Mais la bite leur mange le cerveau, ils deviennent fous, un jour ils tirent à la carabine tout ce qu'ils n'ont pas tiré avec leur pine Celui qui maitrise sa bite gagne sa liberté. Etrangement la puissance côtoie l'impuissance, c'est pourtant sur ce fil délicat qu'il jongle avec sa liberté. Mais, au bout du bout, que le fil soit d'or ou d'argent, l'homme ne sera que la marionnette.

3

Quand on s'est rencontrés, elle traversait une zone de turbulence, son couple battait de l'aile, je battais le monde entier à froid, à nous deux, on pouvait donc espérer monter des œufs en neige. Mais j'avais vite saisi que je devrais lui servir de glue pour recoller les morceaux de son ménage. Une relation de vocabulaire sans chair, je n'étais pas son genre pour la bagatelle, c'était mon air de déconfiture qui l'attirait. À la fin, j'ai retourné sur elle toute ma gelée de fraises, rouge comme les mains de lady Macbeth et sucrée à mort pour son diabétique mari.

4

Je regardais un film qui volait pas haut, ça se passait dans une prison et sur l'étagère d'une cellule de taulard était posée une boîte de lait concentré sucré - j'avais la même chez moi ! C'est un signe, ce genre de détail ne trompe pas ! Abattu, j'ai décroché de la télé, allumé la radio et j'ai essayé d'écrire un de ces poèmes à la con comme ceux qui sont publiés écrivent mais j'ai fini par faire des gribouillis et là quelqu'un a sonné à ma porte. J'ai baissé le son, c'était Sam un voisin, il m'a demandé si je n'avais pas du lait concentré sucré en réserve parce qu'il manquait de foutre pour la dernière scène du porno qu'il tournait chez lui.

AVEC MA GUEULE DE PAS AIMÉ

Je suis tombé sur la pire des dégueulasses que la terre puisse porter. Ce genre-là vous découpe de l'intérieur comme une carcasse de poulet. À coups de sécateur dans les articulations, et crac ! et crac ! Vous voilà réduit en pièces tout en conservant une apparence humaine. Ces garces sont souriantes, elles sont aimées, ouvertes, encensées, à côté d'elles, sans problème, le monstre, c'est toujours l'autre !

Certaines de leurs victimes pètent les plombs et les dégomment. Les faits divers dégorgent de ces eaux usées. Faut pourtant éviter de se salir ainsi les mains, au moins préserver quelques centimètres carrés de propreté après que ces ordures ont tout dégueulassé chez l'autre, son âme et son cœur. Comment s'y prennent-elles… Bof, je pense que les recettes sont toujours les mêmes, avec des variantes, des ajustements qui dépendent des faiblesses en face, de la naïveté, de la vitalité du fretin qui se trouve pris dans leur filet.

Quand une femme couche, on ne se dit pas forcément que c'est gagné, qu'elle nous aime, loin s'en faut, cette coupe n'a jamais été aussi éloignée des lèvres ! Mais au moins on peut supposer quelques affinités. Quelle ânerie!

Parfois, lors d'une journée moins mauvaise qu'à l'ordinaire, j'allais jusqu'à me consoler en me racontant qu'à défaut de toucher son cœur, j'ébranlais sa vulve! J'ai toujours usé de ma bêtise pour renforcer mes illusions, il y a probablement là quelque chose de vital chez moi. Ce qui est encore moins à mon honneur, je le confesse, c'est mon goût prononcé pour ce coin sous la ceinture. Un point faible car lorsqu'une femme maîtrise la manette de ce côté, le mâle devient vite le cochon, le concupiscent, celui qui ne pense qu'à ça. L'animal est réveillé ! L'experte n'a plus ensuite qu'à brouiller la relation, ouvrir et fermer le compas qui trace des auréoles en cercles vicieux sur la tête du faune aux pieds fourchus. J'en ai bavé dans mes tripes avec tous ces poils de sanglier qu'elle savait me faire dresser sur la peau chaque fois qu'en manque - elle dosait savamment ses gâteries, la salope, et je finissais par déjanter comme un légionnaire dans le besoin avec une chèvre !

Et plus on craque, plus on se sent mal et moins on supporte son reflet dans la glace et plus la dame reprend du poil de la bête ! La noria infernale était en branle. L'ensemble était entrecoupé de gentillesses, de tapes amicales inattendues, d'un demi clou de girofle planté par-ci par-là, de quoi calmer une rage de dent ou fignoler la crucifixion !

Cette région de son con de femme de fer, c'était mon podzol, tout ce qui m'avait réduit en cendre !

J'ai commencé directement cette histoire par la salope et j'ai omis de vous préciser, vous me croirez sur parole, puisque vous ne pouvez pas me voir, et comme ça tombe bien, que j'ai une gueule de pas aimé, d'où le titre. Une gueule qui passe mal à toutes les époques. Dans les rues, chaque fois que je les croise, les flics m'arrêtent, toujours à cause de ma tronche de trafiquant. Celle du nerveux pas heureux. Mais je n'ai jamais trafiqué. J'en ai pris, ça oui, j'ai toujours été dans le camp des imbéciles. Les trafiquants eux, sont toujours du bon côté, le même que celui qui comprend ceux qui arrêtent les imbéciles - et toutes les gonzesses sont un peu flic aussi, elles sont imprégnées de cette mentalité-là, voilà mon avis.

Il se met à pleuvoir. J'aime quand il pleut, déjà parce que la plupart des femmes détestent la pluie, ensuite, parce que la pluie coince beaucoup de cons chez eux. Je marche dans les rues peu encombrées d'êtres humains, les oiseaux me reconnaissent, ils se disent – v'là le con qui aime la pluie... Cui! Cui ! Cui ! Cui ! Cui ! Elle aussi aime *tremper* ma gueule de mal aimé, probablement son côté féminin qui ressort.

LE DEFILÉ À LA BRASSERIE

Quelquefois il m'arrive des choses bizarres. Je revois des souvenirs qui ne sont pas mes souvenirs ! Ou encore des endroits qui me reviennent en mémoire alors que je n'y suis jamais allé. Après je me sens un peu éparpillé. Bon, je n'en parle jamais. En tout cas je n'aurais pas dû, surtout pas avec ce type qui sort des chiottes sans se laver les mains et qui me tape sur l'épaule comme si on avait coulé l'étron ensemble. Dans les bars, je parle trop, voilà mon problème. Et mon confident ne me lâche plus :
-Tu veux dire que tu te vois vivre à une autre époque qui me demande et il prend un air concentré, comme pour remplir un imprimé du fisc.
-Non. Plutôt un monde parallèle à celui-là mais bien au présent. En même temps mais ailleurs, si ça te paraît plus clair.
-C'est étrange en effet, qu'il me chuchote comme s'il se curait les mots entre les molaires et qu'il me les plaçât sous le nez au bout du cure-dents.
Je le laisse finasser le boulot. Les histoires entre soi et moi ne gagnent jamais à être déballées au grand jour. J'écoute plutôt les horreurs des clients qui défilent au bar.
Le defilement *lay lady lay* ! Et laid! Laid! Laid ! Bob !
- Je reconnais les gouines de loin, je te jure !

- N'utilises pas ce mot, tu veux, tu vas avoir un procès au cul ! m'avertit Bob de Ruboisière, avec l'air trop gris du résistant qui ne rase pas seulement les murs qu'ont des oreilles mais aussi les femmes qui ont encore tous leurs poils.

-Je dis quoi alors ?

-Homosexuelles, avec deux l pour le féminin, qui répond.

-Ha non ! Ton jargon médical, ça m' va pas ! J'dis gouine et puis voilà ! Je les reconnais, je te le redis, de loin. Parce qu'elles se sapent comme des hommes qui auraient du goût, les gouinasses.

-Tu dis lesbiennes, s'il te plait, il insiste.

- OK, lèchefrite, et c'est ma dernière proposition pour le modus vivandi, et qu'on s'en suce hein!

- Laisse tomber !

- Voilà qui est bien français : laisse tomber ! Comme toujours, que je bougonne. Et bien moi je ramasse ma version belge , une belle patate en forme de bite et je te le reredis : la lèchefrite, je la vois venir de loin ! Et maintenant tu sais pourquoi.

- Ca prouve que la lesbienne a une élégance naturelle ! qu'il pérore.

- Mon cher de Ruboisière, le bon chic d'un homme exhibé sur une femme, ça relève encore du mauvais goût ! Que veux-tu, la nature humaine, même travestie, reste la nature humaine et la classe lui échappera toujours.

Toujours Chez Polo, en Seine est morne, voilà qu'un noir égaré dans le troquet se mouche !

Vache ! Les trompettes de Jéricho, qu'on aurait dit, à lui tout seul, sur le boulevard du rhume !

-Qu'est-ce que tu racontes, c'est pas un bicot ! qui me reprend Polo.

-Hein...Quoi qu' tu m' chantes là Polo ?

- Tu dis tapette de bicot et moi j' te dis que les noirs ce ne sont pas des bicots, voilà !

- J'ai dit TROMPETTE DE JERICHO, Polo !

- Que j' te blaire moi ! Allez jouer vot' *négro spiritual* ailleurs avec toutes vos trompettes et vos narines ! Y m' casse les oreilles et toi avec si tu veux savoir !

- Polo ! Polo ! On pourra en jouer de la trompette, à tue-tête dure, à loisir, et pendant plus de 7 jours, avant que tes murailles s'écroulent ! À croire que t'as érigé en bunker dans tes deux oreilles, tous les bouchons des bouteilles que t'as vidées !

Encore chez Polo...*La théorie du genre*, ça n'existe pas ! Sale fasciste va ! Tu commences par vouloir interdire la sodomie des gosses et tu finis par renier les chambres à gaz ! Arrière les nazis !

Putain, ça débute fort avec Dany le bouge, c'est une gouine, son frère est pédé, sa mère se prénomme Robert et son père Médor, y a pas famille plus moderne, plus à fond dans l'air du temps.

Plus de sexe, plus de race, plus de retenue, tu ne sais plus qui encule qui, du coup adieu pédophilie, veaux, vaches, cochons, torchons, serviettes ! Tout est beau dans le plus dégueulasse des mondes !

La chienlit c'est qui ?

PUTAINS D'HISTOIRES D'AMOUR

S'il y a une chose que je déteste encore plus que l'amour, ce sont les histoires d'amour qui cachent (qui gâchent...) le sexe ! Tous les animaux baisent, dans les broussailles, le ciel, en pleine rue, tous baisent et ils ne pondent pas des histoires d'amour pour autant ! Les chiens se grimpent sur les trottoirs, entre les piétons, sous les yeux des cons d'enfants nés soi-disant de l'amour, et jusqu'à Pompéi où j'ai vu des chiennes qui couraient à travers les ruines avec des mollards de sperme qui leur pendaient au cul. Pas de quoi fouetter un chat donc, sur cette planète, tout ce qui vit baise ! La haine, c'est autre chose, pas naturelle la haine, elle se cultive, le sentiment mérite de longues heures de réflexion, des traités, des romans et surtout du passage à l'acte. J'en fais crever des gens durant une journée d'intense cogitation sur mon canapé anti-Freud, je détaille des stratégies au bout desquelles les tas de ministres se retrouvent dans les coffres des bagnoles, achevés à l'arme blanche ou à l'acide, des tubes radioactifs dans le cul, avec leurs gueules bourrées des lois qu'ils font voter. J'étudie aussi des enlèvements de présidents, j'ai en tête un facho aux petits pieds que j'avais réussi à extraire de sa garde prétorienne. Je lui avais balancé illico une claque sur l'occiput en guise ! En guise... de hors-d'œuvre :

-Alors on fait moins le malin maintenant. Casse-toi pauvre con, va !

Mais je me dois d'agir dans la dignité, je ne sors pas des urnes, moi, je suis uniquement motivé par un dessein politique, intellectuel, sans cœur ni nerf, un pur idéal inspiré de mes lectures : Le Capital, les bouquins de Bakounine, les chansons de Mick Jagger (le Voltaire du scolaire dans quelques années –en moins philosophe mais avec de plus amples retombées commerciales). Finalement non, pas cette pierre qui roule le public, ni d'ailleurs aucune rock star, toutes des putes, des langues de putes, des fabricants de mayonnaise, de la purée pour adolescents en rut, de la poix d'universitaires, ceux-là aussi, encore des abrutisseurs patentés de la jeunesse, des footballeurs de l'esprit, les crampons des neurones, l'opium du peuple...L'opium du peuple, aujourd'hui, c'est la culture, il n'y a qu'à voir la tronche des zombies qui font le poireau aux expositions de peinture, on croirait la sortie d'église des siècles derniers, les mêmes paroissiens, la profanation à Ornans !

J'ai la haine, surtout quand je lis des histoires d'amour. Répugnants ces humains. Sans les tueurs en série, Napoléon, Hitler, Staline, j'imagine l'état de la planète ; si ces types-là n'avaient pas dégommé des humains par millions, avec tous ces étalons, ces géniteurs et autres ronéo et Juliette, il manquerait déjà de place pour sortir du ventre de nos mères, on suffoquerait dans cette cuvette molle, désespérément accrochés aux vulves pathétiques, cherchant à tirer nos têtes séreuses des bulbes engorgés avant d'être derechef aspirés dans toute cette glue, ce pâtée, voire écrabouillés sous les coups de butoir intempestifs d'un gland tout bleu à l'œuvre ! Bref, sans eux, les bouchers de l'histoire avec une grande hache, on serait noyés sous les humains, au point que les suivants n'auraient même plus la place de sortir du ventre de leur mère !

Alors, oui vraiment, ils font chier avec leurs histoires d'amour ! Le premier qui m'aime, je le tue ! Encore l'amour des pouffiasses, passe - celui des roulures, des tapineuses, des pétasses, OK...De la bonne barbaque, des giclées, on sort des culs soulagés, ces femmes ne s'accrochent jamais, elles ne nous emmerdent pas avec une famille à fonder -salut à la prochaine *traye* ! Et on repart, l'esprit serein, prêt à échafauder de nouvelles exterminations...

Stop ! En vérité, il faut se garder de s'emballer trop vite. Car à ce niveau aussi, contrairement aux apparences, ces grands tueurs, ces fournisseurs de charniers, ces tripailleurs cosmiques, toutes ces cohortes de dévastateurs, de ravageurs, de naufrageurs, ne sont pas forcément si mal aimées que ça des honnêtes gens, des stryges et des téléspectateurs. On dénonce les criminels, certes, on les condamne, on crie son horreur, son indignation, sa rage anale, ses couilles de gorge, ses tripes de cou, n'empêche que tous les livres qu'on leur consacre, toutes les émissions télévisées, les films, remportent des succès qui ne se démentent à aucune époque. Et cela m'afflige profondément, ternit dans ma pensée l'image de ces salaud déclarés, fait naitre un doute dans mon esprit : et s'ils n'étaient pas aussi maudits qu'on nous le dit ? Si finalement ils n'entraient pas dans la composition du grand décervelage des peuples? Comme pour l'art, ce machin, quand l'artiste se ramasse l'unanimité, terminé, faut que j'aille voir ailleurs, c'est tout, pour moi ça sent l'arnaque !

La haine, ce n'est pas si simple. De la provoquer surtout, d'avoir à dos la meute, c'est autre chose que de la faire manger dans sa main avec des histoires d'amour ou que de la faire aboyer avec des méchants patentés ; De l'ersatz de haine ça, absolument ! Tiens, je vous le balance à la figure : la haine pure est aussi rare qu'un être humain sur une planète surpeuplée !

LA MOUCHE À BITES

Je sors d'une sale rupture, j'essaye. Je m'épuise à tirer de ma cervelle tous les asticots que cette vénus y a pondus. Je la décortique, au couteau, et je me la trimballe allégée, la matière grise. Un vaillant curage qui me vaut de voir un peu plus clair sous l'idiosyncrasie de mon clocher.
Et voilà qu'à travers la mémoire dégrossie, je commence à l'apercevoir cette muse quinquagénaire et sa taille de guêpe qui me file encore le bourdon. La magicienne tirait sa silhouette de pinup d'un chapeau en pédalant d'arrache-pied sur un vélo d'appartement, humpf ! hummm ! hop ! han ! D'autres fois, elle surgissait de la baignoire transformée en Madonna mouillée : gonna dress up in my love all over your body ; Je fais le malin mais je me rappelle très bien l'air, je parle du mien. Aujourd'hui que la musique s'est arrêtée, je trouve le tableau aussi triste que celui de David, la mort de Marat, mais d'une composition moins accordée.
Elle mangeait peu, et, probablement gavée d'origine par la côte du vieil Adam, il n'y avait jamais de viande dans l'assiette. De toute façon, je mangeais directement dans sa main. J'étais devenu son pantin, son trois fois rien et son toutou à la fois.

Ça, je ne l'avale pas complètement, je cultive toujours de la rancœur, une dent tout contre, un peu ; Je n'en suis pas fier.

D'autant que je vibrionne à l'occasion sur la grande toile du monde, de blog en déblog, la substance tient dans un dé à coudre, je la cherche l'Aphrodite vieillissante, elle moucheronne à fond sur nénette dans l'espoir, j'imagine, de la pêche miraculeuse. Ma curiosité malsaine contribue à attiser ma haine et me pousse sur la piste jonchée des trophées de la séductrice filiforme : des organes tranchés à vif, un ithyphallique à l'extrémité d'une corde, une bouche écumante avec une clausule coincée sur le bout d'une langue pendante, des embryons gluants et déchiquetés jetés sur des lits de roses aux pétales rouge sang. Quoi d'autre ? Elle laisse quelquefois une photographie qui la représente les yeux tournés vers le ciel telle une madone éprise de pureté ! Le cou, cependant, orné chaque fois d'une parure différente, chacune remportée en décroisant haut les jambes dans un élan d'ouverture qui la caractérise et que je connais trop. Mais quoi qu'il m'en coûte, j'avoue qu'elle paraît tenir la distance et aussi prendre beaucoup de plaisir avec les innombrables épaves qu'elle laisse, après usage, flotter sur le ventre. Ces visites sur le Web brisent mon moral, me désespèrent, m'anéantissent. Dois-je le confesser ici…Tant pis : je souhaite souvent qu'elle crève, c'est dit ! Et voilà qu'une nuit, pour changer, je fais un rêve, je suis perdu dans une forêt très spéciale, une étendue couverte d'arbres de Vénus, de bien curieuses bestioles...Avec des fruits qui ressemblent déjà à de la confiture et qui poussent en dégoulinant sur les rameaux bien lourds. Dans la version soft, ils ne sont pas sans m'évoquer les horloges molles de Dali. Des perles transparentes apparaissent à la surface de ces étranges végétaux qui, au fur et à mesure, se muent en une gelée blanchâtre - dans le songe, je n'ai aucun doute, cette substance, c'est du foutre ! Tout à coup, alors que je fixe une branche qui ploie sous les amoncellements de marmelade, je vois une première mouche se poser sur les coulées sirupeuses, rapidement suivie d'une deuxième, puis une troisième, enfin un essaim et des milliers d'insectes qui se répandent sur les arbres, recouvrent tout le paysage. Quand il ne subsiste qu'un ramassis de points noirs, à cet instant, j'ouvre les yeux et dans l'obscurité de la chambre, je constate, un rien hébété, qu'un rayon de lune filtré à travers le volet frappe mon gland ! Je suis allongé nu sur le lit défait, pas lavé, pas rasé depuis...Chut. Tout à coup je vois une mouche sur mon gland épanoui et rose.

Ça m'émeut aussitôt, vous pensez, quelqu'un qui s'intéresse à moi ! D'abord je n'y crois pas et du coup, je me penche avec plus d'attention vers le lieu où le miracle se serait produit. Oui, une mouche est bien là, avec une taille de guêpe, ailée et bien roulée dans son tailleur moulant de veuve joyeuse ; de jolies pattes qui auraient besoin d'une bonne épilation mais avec ma barbe

de plusieurs jours je suis mal placé pour monter les enchères et prétendre couper les poils en huit.
- Salut, je suis Maya, elle se présente comme ça.
Cela me surprend, j'ai du mal à siroter un truc pareil :
-Maya pour une mouche, à d'autres ! que j'dis.
-Et pourtant...Ce prénom a le mérite d'annoncer la couleur : je pique et aussi on m'attrape mieux avec du miel qu'avec du vinaigre, à bon entendeur, salut !
Elle me raconte qu'elle vient de chez un couple de Belges, qu'elle a vécu un enfer.
- La femme écrit des romans noirs et le mari se branle aussi, qu'elle m'lâche. Et elle poursuit son récit :
- Alors impossible de me prélasser sur sa queue. Et sa moitié, le bas-bleu, qui me poursuivait journellement avec une tapette. Plus d'une fois j'ai failli laisser des pattes sur ses feuilles blanches.
-Fallait gueuler, porter plainte à la société protectrice des mouches, que j'lui réponds.
-Gueuler, tu parles, elle est sourde. En Belgique quand un mari se branle, la femme doit faire la sourde oreille, c'est une loi flamande, intangible.
Devant sa causerie, je suis de plus en plus perplexe, j'ajoute :
-Pour que des Belges soient aussi cruels, ils doivent avoir des intégristes dans leur famille. Un Belge ne fait jamais de mal à une mouche, contrairement à tous ces mystiques volants qui bousillent tout ce qui bouge !

Tout de même, on ne va pas en rester sur tant de tristesse, je veux remettre un chouia d'ambiance et je lui propose de boire un coup :

- Assois-toi, tu me donnes le tournis !

Après, forcément, je suis vachement pompette et je crois que je la traite de mouche à merde en dégoupillant une nième canette ! Heureusement, elle aussi a un p'tit coup dans l'aile et elle ne prend pas la mouche. D'ailleurs, et c'est pas sympa, je l'avoue, j'en profite pour l'enc... Enfin par derrière quoi... C'est direct, je sais, toutefois j'accomplis l'acte avec plus d'élégance que mon oaristys décalée ne le laisse supposer, de plus, j'y mets tant de délicatesse que ça n'a pas l'air de déplaire à ma surprenante partenaire, je le sens. Après, on se regarde les yeux dans les yeux, quel retournement...Impressionnant les yeux d'une mouche, j'crois bien que je suis en train de tomber amoureux. J'me reprends, trop donné de ce côté, pas envie qu'elle me mène en bateau elle aussi.

Pourtant, depuis cette rencontre, je me sens mieux dans ma peau, moins revanchard, plus léger. D'ailleurs les copains de beuverie le remarquent :

-T'es amoureux ma parole, tu rayonnes !

Aussitôt je bénéficie d'un appel à la prudence :

-Fais gaffe ! Maintenant les femmes ont la bottine sautillante, tu devrais le savoir à force !

-La bottine quoi ? J'dis, les yeux en rond à bière.

-Oui, le cul porté en carton d'invitation, si tu préfères, mais gaffe! La croupe est suivie du petit astérisque, tu sais, celui collé en tout mini sur les affiches de pub à côté du slogan en grand qui promet la lune justement. Alors pour les besoins de la braguette ne t'illusionnes pas trop, les gonzesses high-tech, c'est plus vraiment l'avenir de l'homme, ni l'amour fou. La vierge à l'ailphone (qui donne une mauvaise haleine, ha !ha !ha !) te taille la bagatelle à la mesure du niveau de vie que tu peux lui offrir. Pile-poil, rien de plus. Le couple d'à présent, c'est d'la graine d'entreprise, du profit, que du profit ! Au fait, t 'as trouvé du boulot ?

Ses conseils, évidemment, manquent d'à-propos mais comment pourrait-il deviner qu'il n'est pas question d'une femme. Et je m'abstiens d'ouvrir un débat qui aurait l'effet d'une bombe insecticide.

Plusieurs semaines s'écoulent ainsi, on tisse un amour pas désagréable, disons qu'on s'entend bien. Entre temps, elle m'a appris qu'elle représente une nouvelle sorte de mouche, mais pas un parasite : la mouche à bites. Sa catégorie n'est pas encore répertoriée dans les dictionnaires.

En quelque sorte, une sans papiers.

Elle m'a également conté le premier épisode de sa rencontre avec l'auteure Belge de polars : cette femme trimballait une sacoche volumineuse qu'elle avait posée entre ses jambes ce qui l'avait obligé à les écarter largement quand elle s'était assise dans l'autobus. L'odeur avait alors attiré ma mouche, l'avait littéralement aspirée sous la jupe de la femme de lettre.

-Pour une mouche à bites, tu t'es foutrement égarée !

-Stop ! Je ne le suis pas à demeure, voyons ! Il m'arrive de butiner et même, emportée par un claquement d'ailes, de lutiner !

C'est ce détail de l'histoire qui m'a donné une idée, une idée marrante, un rien perverse. Du contre-pouvoir, un brin fouille-merde qui tient de la mouche armée. Mais comment je suis tordu, moi, dingue!

Avec la mouche, dès l'ouverture, je me suis entendu pour ne jamais avoir d'enfant – nous, c'est pour le meilleur et le sexuel !

Pas pour le pire et le perpétuel L'occasion est trop belle de m'amuser avec le haut du panier de l'humanité, la crème, les célébrités, les connus, les stars, le tout people, le VIP, tous ceux qui ne se mouchent pas du pied. Oui, comme pour appeler le fric, le vocabulaire ne manque pas pour désigner ces gens-là– comme si tout ce qui n'avait pas de consistance avérée réclamait, à défaut d'un mot à l'étymologie solide, du nombre, des tonnes, du bruit, des fanfares…

-Tu piques ma curiosité, je suis toute émoustillée, confis-moi vite ton idée, me zézaye à l'oreille la mouche.

-Voilà, pour commencer, tu sais qu'une mouche peut se glisser n'importe où, un passe-muraille, la mouche ! Mieux que l'homme invisible, aucun truc machin de sécurité n'a jusqu'ici été conçu pour se protéger des mouches. Tu vas donc emporter sous tes ailes, avec d'infinies précautions, quelques gouttes de mon foutre. Ainsi parée, tu t'introduiras dans les domiciles des épouses de célébrités et au moment opportun, tu saisis hein, tu inocules la fine liqueur dans la splendide cornette de la reproduction. Pas génial ça ? Tu vises bien la cible au centre et hop !

-Je fais mouche ! remarque la mouche qui m'enlève les mots de la bouche.

-Ces personnes-là ont beaucoup plus d'occasions que nous de tirer leur coup mais ils ne sont pas plus propres pour autant, au contraire. Aussi, et sans vouloir te vexer, ton hygiène est irréprochable, leur cul est logiquement plus disposé à accueillir les mouches que les toiles des araignées, tu n'as donc aucune crainte à avoir : ta présence dans leur local à cabrioles ne les étonnera pas plus que ça !

De fil en aiguille, ces inséminations à la mouche, m'amènent à engrosser la femme d'un président, la maîtresse d'un autre, à filer le ballon à l'égérie d'un footballeur de renom, j'me multiplie comme des pains, plutôt comme des mouches, un miracle n'ayant jamais sa place dans l'art de la prolifération.

-Toutes ces sommes mitées qui se font niquer par une mouche, c'est merveilleux non ! T'imagines leurs tronches si je leur dévoilais leurs naissances latentes, comme dans le fameux A du poème des Voyelles :

A, noir corset velu des mouches éclatantes
Qui bombinent autour des puanteurs cruelles,

On pouffe. Il me faut cependant confesser un échec crucial : malgré mes efforts répétés, relayés par les allers-retours de la mouche porteuse –

comme à se cogner contre un carreau, elle a failli y laisser sa peau, il n'a pas été possible de féconder la muse rombière, souvenez-vous, celle de cinquante berges qui m'a fait gober ses gérondeurs décharnées... Pas une VIP –tout au plus une vipère, une vieille vipère – une VIVIP, mais, je le reconnais, depuis le début de l'histoire, j'ai ça en tête, lui réserver un chien de ma chienne si je puis dire, à cette affreuse Aphrodite qui m'a jeté ! Mais carrément hors service celle-là! Il m'aurait plu tellement de la gésiner direct cette pédaleuse qui prétendait remonter le temps sur son vélo arrêté ! Malheureusement, la matrice est cassée, archi sèche et les pluies de gelée blanche n'ont rien donné.

Pourtant mon insecte adoré, encore une fois, me redonne espoir : tout ne serait pas joué, il existerait une mouche en Italie qui accomplirait des prouesses sur des corps quasiment momifiés ! Elle pond des larves si remuantes qu'elles redonnent vie aux morts ! À tel point qu'on la connaîtrait aujourd'hui sous le nom de mouche de jouvence !

- Il ne serait pas idiot de la faire venir et de lui confier tes gouttes non ? Et ce serait l'occasion d'un voyage en amoureux à Venise, qu'en dis-tu ?

- Ce que j'en dis...Envolons-nous, illico presto !

JE EST UN COUILLON

Un journaliste encarté, haineux des nations, fan des pédophilies amnistiées, amoureux des sodomies groupées, friand des enculeurs de face, promoteur des pissenlits par la racine pour les enracinés, virulent défenseur des assassins mondialistes contre les victimes locales, commentait les bienfaits de la politique des bidets ouverts au vent du grand Ouest, en brandissant la preuve irréfutable : des photomontages qui plaçaient en regard un monument de Paris photographié à un siècle d'intervalle. Il braillait :
-Vous voyez, regardez : Les monuments n'ont pas changé, et pourtant, la population n'est plus la même. Et il insistait, voyez, ils sont toujours là, les monuments !
Le but de son laïus, c'était de nous faire avaler, que la couleur des gens autour avait changé, qui avait beaucoup plus de marchands de tapis qu'avant, du bigarré, du voilé, du brassé à tour de bras, un mélange comme du sucre, du sel, des cornichons, des godasses, des ampoules, des torchons, des sucettes, des beignets, de l'uranium, mais achtung ha ! ha ! Observez bien : la population s'est diversifiée messieurs dames pourtant les monuments sont toujours debout ! C'était la preuve, pour le zigoto, qu'on était politiquement sur la bonne voie.

Moi, je ne voyais pas le rapport, mais je n'avais pas son intelligence. Je m'étais dit qu'il n'aurait pas pu vendre sa mélasse, en déballant les photos de la belle époque couplées avec celles des années 40, par exemple, entre gibus et queue–de-pie et croix gammées, devant l'Opéra qui était toujours intact !

Ça rimait à rien toutes ces salades, quel con ! Pis j'avais eu une idée, j'étais tout dans l'élan artistique moi aussi, créateur inspiré, je pataugeais dans l'inspiration : je collais la tronche du journaliste en face d'un trou de cul flashé à une éternité d'intervalle, et là on voyait encore un monument de la connerie qui n'avait pas bougé !

Cela dit, j'avais repéré une petite japonaise dans des collants bleus, je m'étais dit c'est drôlement joli ce bleu, peut-être qu'elle porte un slip assorti, blanc ou rouge ou, pourquoi pas, rien dessous. J'avais même imaginé sa maison japonaise, bien basse mais pas sans grandeur, se courir au cul à quatre pattes autour d'un futon ça m'aurait pas dérangé, j'avais aussi imaginé un bois pas loin du jardin, un bois sans méchant loup - au passage, un loup méchant n'est pas un loup mais un homme. D'ailleurs, j'essayais de lui expliquer ça en anglais, enfin plutôt avec des grimaces, je faisais le loup méchant grrrre grrrrre, je les faisais beaucoup rire, oui il y avait aussi sa copine, en chaussettes et jupe plissée noire. Elle avait l'air d'une écolière qui avait passé l'âge de l'être. Ce détail m'avait replongé vers mes jeunes années quand déjà j'allais aux manifs plus pour rencontrer des filles que par conviction politique. Aujourd'hui, c'était kifkif. À ce meeting j'y assistais pour l'habitant de ma petite culotte, si vous voulez savoir. Je n'avais jamais adhéré à aucun parti, je me sentais vaguement quelques idées communes avec la gauche. Enfin, y' a longtemps mais là, franchement, non seulement il n'en restait rien, carrément je devais me contenir pour ne pas signer chez les dingos de l'autre bord ! Enfin dans un pays où on vote en essuie-glace, ça ne rend pas les parebrises plus propres, faut l'avouer.

Bon, j'étais toujours avec mon loup et au milieu des rires, un détail m'avait travaillé: celle aux collants bleus avait de longues dents, très longues, vraiment, ça me donnait l'impression que sa bouche était trop petite pour tout contenir. Vivante, ce n'était pas un problème, mais je l'avais imaginée morte et, dans cet état, la broutille prenait des aspects effrayants - surtout qu'une tête de mort dure plus longtemps qu'une tête vivante ! et je ressassais ma bizarrerie, à croire que le journaleux m'avait refilé son virus des montages du rapprochement entre du passé mort et du présent mortel!

Après, les *louvoiements* mes deux japonaises avaient voulu s'arrêter dans une pharmacie. Elles gesticulaient, baragouinaient, j'y comprenais rien, j'avais mal au crâne – ok, ok, j'acquiesçais à tout, oui, j'attends devant, yes, yes ! Et je patientais devant la vitrine, et je voyais les remèdes contre les psoriasis, l'incontinence urinaire, la constipation, la chiasse, les mycoses, les aphtes, et là, tout

à coup, je me carapate, et plus vite que la lumière
! Maintenant je vous conte tout au présent, chez
moi les mauvais pas tiennent de la vérité scienti-
fique et c'est le présent qui faut pour ça.
Je coupe à travers un tas de rues, et je me retrouve dans un quartier que je connais bien. C'est
ici, qu'autrefois, je fréquentais le bistrot de Paul,
Le génie de la blanquette. Maintenant c'est devenu *Au coucous royal.* Et, c'est vrai, la Madeleine
tient toujours entre son péristyle – ah la pérennité
des monuments quand elle nous tient !
Plus loin, c'était Herbert et sa fameuse chou-
croute, il a fait place au *Rois des nems* mais ça fait
un bail, au point, que s'il revenait, on le prendrait
pour Attila tellement il ferait *HUN,* tout seul quoi,
isolé, au milieu de la multitude. Je ne m'attarde
pas, quoique les japonaises, y'a plus de risque de
les croiser au Macdo que chez l'asiatique du coin
coin laqué…parce que pour la soi-disant diversité,
faut dire qu'elle a surtout une gueule planétaire et
qu'à force d'être partout chez les autres, on est
nulle part chez soi !
Mais j'élucubre et bon dieu je les vois surgir, il faut
que je dérape illico, elles arrivent, avec de grands
gestes ; elles me crient dessus ; en pleine rue,
comme si j'avais piqué leurs sacs, y a déjà des
chevaliers masqués qui m'entourent, comme des
cellules saines prennent position autour d'une cellule suspecte ; je ne demande pas mon reste ; je
me carapate, je galope, je décolle, je ne veux pas
finir en chien écorché vif dans la gamelle des
asiates ! Mais elles insistent, elles me filent le

train, des fileuses, j'ai deux Moires aux fesses !
Crapauds ! Pis là, sans crier gare, elles abandon-
nent la partie! Je me disais que ça ne pouvait pas
durer…Quand la gent féminine s'accroche à bibi,
ce n'est jamais pour mon bel œil, je cause
d'expérience. Elle renifle une opportunité chez
l'animal qui traîne la patte –moi ! La plaie suppute
; la femelle s'affole ; l'odeur du sang qui bout dans
la casserole ; la truffe, une hélice qui tourne à 360
degrés ; la moire bave ; ses dents poussent ; ses
yeux brasillent comme les braises sous le grill ;
elle découpe la bestiole vivante ;   l'entrecuisse
devient un barbecue chauffé au rouge ; la barbaque est grillée ! Je résume la partie de plein air
en famille, je saute les détails, les délices les plus
déchirants, les coups de maillets pour attendrir la
viande ! Et j'en vois peu des hommes sortis in-
demnes de l'abattoir, d'ailleurs à ce stade de la
ruine, on les baptise pères, comme le bœuf en
tranches devient du steak !

J'en ai soupé des bonnes femmes ! Voilà ce que
je me dis, femmes du Levant, du navrant, ras le
bol de riz ! J'en ai bavé, un trop-plein, tout imbibé
que je suis, je dégorge, essuie-tout à bonnes
femmes, une pompe à emmerdements, un sac
d'aspire dégoûts, une tête chercheuse de doigts
dans le cul, j'en suis rendu là ; je me conseille,
trouve-toi une occupation, collectionne les timbres,
pas les timbrées ! Laisse choir l'avenir de
l'homme. À dire vrai, j'aurais dû tout changer dans
ma vie mais je suis   bien trop enfoncé dans

l'erreur, à ce stade vaut mieux attendre de crever tranquillement, c'est plus simple et pas moins efficace. Peut-être que je pourrais arrêter la politique, enfin les meetings, ça ferait des mauvaises rencontres en moins. Mais non ! C'est tout moi : je n'est jamais un autre, c'est toujours le même couillon, et jusqu'au bout de lui-même !

LES HOMMES NE SONT PAS DES PHÉNIX

Sur un coup de tête je me décide à passer quelques jours dans ma ville natale. Voilà trente ans que j'ai quitté la région et lorsque j'y retourne, je tombe régulièrement sur un type que j'ai bien connu mais avec lequel je n'ai jamais eu d'atomes crochus. Le temps écoulé est rarement diplomate et les relations passées qui réapparaissent fortuitement sont celles qui nous donnent de terribles coups de vieux. Je n'avais pas forcément envie de rencontrer quelqu'un dans ce bar, mais il est là. Il faut dire que chacun reclus dans sa bulle, dans son vide, dans son néant, dans son rien, ne dérange pas l'autre outre mesure. De lui, il me revient qu'il était toujours amoureux. Des serveuses bien sûr, une excuse pour hanter les bars. Une factrice aussi, il s'envoyait des lettres, enfin, probablement une feuille blanche chaque fois glissée sous une enveloppe dûment affranchie à remettre en main propre, ce qui lui donnait l'occasion d'effleurer la douce main de la factrice. Il y avait eu aussi la conductrice de bus, celle surnommée "le chauffeur manqué". Interdit de parler à la conductrice, pas de la dévorer des yeux dans le rétroviseur jusqu'au terminus. Je ne sais pourquoi je me remémore ces riens. Maintenant, que je l'entends jacter tout seul, perché sur un tabouret, je comprends qu'il n'a pas décoincé de ses histoires avec les femmes :

-Ce que les hommes font de l'amour ? Tu veux le savoir ? Donne de la confiture aux cochons et tu sauras !

Puis il pique davantage mon attention avec quelques images lyriques, si l'on veut. Il est question des yeux où l'on se perd, d'une secousse soudaine, du sol qui se dérobe, de l'autre qui devient le monde entier, une révélation ! Des arlequinades, du roman-photo sans photo c'est dire l'intérêt !

-L'amour ne construit ni ne détruit rien, il est la renaissance perpétuelle, une plongée dans une trombe lumineuse, une électricité divine qui nous traverse.

Sur ces mots peu banals, du moins dans un bistro, je lève mon bock du comptoir et en profite aussi pour lever ma tête vers lui — il parle sans me regarder. Il cause de renaissance, je suis bien obligé d'admettre qu'il ne l'incarne pas. Visiblement le temps ne l'a pas épargné. Lui, tout ouvert à l'amour, ne doit plus être visité que par les courants d'air et la mousse des brasseurs. Quant à l'électricité, j'ai un solide vécu de déjanté pour savoir qu'elle ne fait pas sauter grand-chose chez ceux qui n'ont plus de plomb dans la cervelle !

Je l'écoute, quand il s'en aperçoit, il paraît surpris. Alors il change de conversation, me demande si j'ai reconnu la serveuse. Elle est en train de passer une commande au barman à l'autre bout du comptoir. Je la regarde du coin de l'œil et je reviens interrogatif vers celui qui a l'habitude de parler aux murs. Il me déclare :

- C'est J... À dix-sept ans vous étiez très amoureux tous les deux. Je m'en souviens bien, j'étais fou d'elle, à l'époque j'avais failli me flinguer.

Perplexe, je me tourne vers la serveuse occupée à placer des verres sur son plateau. Je la détaille et mon sang ne fait qu'un tour. À présent, je la reconnais mais je ne sais même pas à quoi je la reconnais ! Ce visage, cette silhouette me font mal. Sans madeleine sous la main, je m'accroche désespérément aux oreilles, aux cheveux... Enfin j'essaie vainement d'exhumer de ce bouleversement une chose de ce temps-là restée intacte... À cet instant son regard croise le mien et je reçois le coup de poignard : elle passe sur moi comme sur un quelconque client, rien ne retient son attention... Nous sommes donc du même naufrage, d'un temps définitivement perdu...

L'autre a repris sa conversation avec les murs, je sors précipitamment du bistro.

Les hommes ne sont pas des phénix, ils ne renaissent même pas des cendres de leurs cigarettes.

J'éprouve le besoin irrépressible de quitter le bled au plus vite. Il n'existe pas de plus court chemin que celui où l'on arrive avant d'être parti.

MADAME KK

Une chance dans mon quotidien, une place de gardien de cimetière décrochée au petit bonheur, un mouchoir de poche de tranquillité dans une galaxie de tourments. C'est là que je vais, tous les matins, par les transports en commun.

Au milieu de ceux qui me sortent par les yeux, tous. Pourtant ils sont comme moi – on le dit, et je dois le croire sur parole. Des égaux, des semblables, ils sont mes frères humains. Ceux-là, oui, tous ceux que je ne peux pas supporter, pas seulement sentir, ils sont mes kifkif. Je suis une copie conforme.

Alors je m'adresse à dieu directo, à dieu qui n'existe pas plus que bibi mais au moins, je fais l'effort. Pis n'allez pas me prendre pour un de ces illuminés, la figure de dieu n'est qu'une page blanche, chacun peut y coller la sienne dessus. Le plus intéressant, c'est ce qu'il me révèle sur ma propre vie, si ! Que je n'ai aucun reproche à me faire – quel bon gars ! Il insiste :

- Tu ne ferais aucun effort, que ça ne changerait pas grand-chose à ta vie. Se remuer le cul compte pour des rognures dans une destinée, crois-moi.

Je veux bien le croire. Quand même, je veux qu'il me rassure sur un point :

- Dis, t'es sûr, qu'il ne me manque pas une pièce, un boulon ? Tu ne te serais pas gouré dans l'assemblage, par hasard ?

Là, il fait la sourde oreille. Envolé ! Faut que j'apprenne à devenir sourd moi aussi, à plus voir, plus ressentir, à vivre pour des clous.

Je tiens les yeux fermés mais au bout d'un moment je trouve le temps anormalement long alors je les rouvre. Merde! Je suis toujours dans l'autobus mais il n'y a plus personne dedans, il roule sans chauffeur, personne derrière le volant ! Une conduite pépère, à travers un paysage arboré – des troncs sombres, des arbres aux branches coupées comme mes ailes. Des arbres qui ressemblent à des barreaux de prison.

Non, je blague, je suis dans le métro, ligne 14, celle sans machiniste, une correspondance que j'utilise après le RER, j'habite en banlieuserie, la lointaine, et je travaille à Paris, la hautaine. Une originalité de plus à mon actif.

Au cimetière, je parle à des gens muets comme des tombes. Alors je m'agite, ô comme je m'agite ! Je place mes mains sous ma propre peau, et si ça ne suffit pas, je change de style, je choisis des ficelles, et je me les tire, bon c'est toujours dans le parage d'une marionnette, l'auto-marionnette de soi ! j'entre dans la démence fractale !

Sur le boulevard des allongés, je croise le type qui balaye journellement des feuilles mortes. Quand il m'aperçoit, il me mandoline, comme s'il cherchait à justifier sa présence :

-Hé oui, les feuilles n'ont pas été prévues pour mourir ici ! Faut les rassembler pour les brûler ailleurs.

Je secoue la tête, oui, oui. Et, oui, c'est concon, des trucs qui meurent sur place, pourtant ça devrait faciliter les choses hein...

Mais l'homme au balai a sa théorie :

-Mourir ici, on peut penser que ça tombe à pic, en effet, mais pas du tout ! Le sur-mesure faut obligatoirement qui passe par la case pognon ! Voilà pourquoi on me paie. Moi et sûrement beaucoup d'autres et plus grassement ! Le plus court chemin pour aller d'un point A à un point B c'est la ligne droite mais faut qui ait pas mal de banques entre les deux points ! Ha !ha !ha ! il a raison, mais au stade de putréfaction avancé où je suis, les vérités universelles me gavent et c'est à un petit malheur bien personnel que je songe du coup, que je ne voudrais pas être enterré dans le cimetière de la ville où j'habite .Enterré deux fois sur place, ce serait déplacé. S'il y a des perspectives plus tragiques, celle-ci me colle quand même dix kilos de boue supplémentaires à traîner sous la semelle.

Avec tout ce poids sous les souliers, je ne sais pas comment je me retrouve à la cantine ; ni pourquoi j'y suis car ce n'est pas la faim qui m'a fait sortir du cimetière. Y' a un couple déjanté. Lui coule sur sa chaise, avachi complet. Elle, plutôt avagardnerisée, j'invente l'adjectif question de ne pas dépareir l'attelage. Entre deux goulées de rouge, elle me fait de l'œil. Je mâche sans appétit une escalope sous de la chapelure, de la dinde soi-disant.

Pis je me décide, je prends mon plateau et je m'installe à leur table. Lui n'a pas l'air du genre causant et elle, pour l'instant, elle a la bouche pleine, entre autre.

Je me lance, j'entame la conversation avec l'enzyme principal des rapports humains, la source inépuisable et gratuite, archi connue : la banalité !

Je dis que je suis crevé avec les transports, que je viens de banlieue.

- Et vous ? je leur demande.

L'homme marmonne qu'il crèche aussi dans cette misère mais qu'il se déplace en automobile. Il cause en mâchant et il bombarde tout l'entourage ; sa bouche, un vrai cul d'hippopotame en action qui se fouette le fion avec la queue, mais en plus dégueulasse encore car il avale autant qu'il re-crache! Tout à coup, la femme se mêle à la causerie :

-En bagnole, ha ! ha ! ha ! une poubelle oui ! Il avance moins vite qu'à pied mais pour ça, il crame des litres d'"essence. Le roi du dérèglement climatique, c'est lui !ha !ha !ha !

Et elle se bidonne à gros bouillons, se jette un rouge cul sec derrière la cravate, mais lui ne relève pas, il se remet à roupiller devant son assiette qui ressemble à une tombe profanée. J'en profite pour glisser une main sur un genou d'Ava machin, faut dire que ses collants noirs et sa robe rouge en fuseau qui lui remonte jusqu'au slip, au parage de cet enfer, m'ont salement émoustillé la lyre. Sans parler de l'opulente poitrine qui baisse la garde et découvre des yeux tout arrondis et fortement dilatés, des yeux de voleur de confiture, qui s'accrochent au bord du soutien-gorge à chaque levée du coude. Ou alors c'est moi ! Je suis obsédé, libidineux, concupiscent tout mouliné, tout replié sous la ceinture, lové, sale serpent mais au sang bouillonnant, ravagé par la queue ! À force de fréquenter les squelettes du cimetière, j'ai chopé une illumination de barbaque, une frénésie de seins, de mollets, de fesses, de ventres, j'ai fait le plein de nombrils en prévision des jours d'os, je suis devenu une gueule cassée, soldat de la première ligne, à l'attaque de la raie adverse ! Au milieu des obus, au cul de la grosse bertha, une explosion ! Ou je fuis mon propre squelette, je l'ai aux trousses, faut que j'en trousse une, que je sème l'un et que j'insémine l'une, je ne sais plus moi! Mais ça ne dure pas longtemps le coup de sang, Ava truc siffle les verres mais elle garde la bulle bien fixée au milieu du niveau, celui qu'est pas bien haut d'accord mais quand même faut le maintenir. Subito, elle se présente, comme si elle introduisait une réunion de travail :

-Bonjour, je suis Kevina Kronnenberg.

Enchanté. Instinctivement je découpe et j'enfourne un gros morceau d'escalope de dinde, que je me mets à mastiquer foutrement en regardant KK du coin de l'œil, parce que je n'ai pas envie de dévoiler mon identité comme ça, à table, et aussi parce qu'aucun nom bidon ne me vient à l'esprit – d'ailleurs, pas sûr du tout qu'il ait daigné m'accompagner ici celui-là.

Et ça me retitille le bout des doigts la douceur du collant, je repose a main dessus, caresse, et remonte les petites mailles délicieuses qui pétillent, crissent de plaisir, pendant que monsieur Michelin se met carrément à ronfler, et que madame KK se lance dans une philosophie de la paix des ménages, rébarbative à souhait, anti-viagra, castratrice en dents de scie, grinçante, âcre et peu couillue. Je me sens ramollir à mesure, devenir du poulet sous cellophane, d'un aspect pareil, plus proche de l'éruption de bubons que de la chair-de-poule.

Pour elle, j'incarne le bon mec qui aurait fait un bon mari, elle le prétend.

Mais pour la bagatelle, ça, elle ne me sent pas du tout, ô non, quelle horreur…mais pour un mari, oui, alors là très bien, parfait, qu'elle insiste. Seulement, de ce côté, elle est déjà servie, même trop, tellement que ça déborde ! Dommage. En le disant, elle lance des œillades haineuses vers sa grosse moitié affalée sur la chaise en face. Y compris les vices de footballeur du dimanche, doublé du bricoleur et du jardinier des jours fériés, la panoplie complète, qu'elle détient, si ! si ! elle me l'assure : je possède toute la collection, et des icônes en double voire en triple exemplaires ! Maintenant, elle change de ton :

-Alors, enlève ta patte de là, tu veux.

À cet instant, je saisis que ce que je prenais pour des clins d'œil, ce n'est qu'une sorte de tic, un rictus. Ah, c'est bête, elle est drôlement moche, toute gondolée comme j'aime, elle sent le vice en plus, avec ce bout de slip en transparence sous le collant que j'ai épinglé au vol et qui me reste en travers le plexus... suce, c'est ça, oui, volontiers ! Déjà pour faire passer le goût de la dinde.

Hélas, la parlotte de KK cochonne ses charmes, avec elle je passe directement à confesse sans palper une seule fesse ! Mais blablater, je sais aussi, la preuve :

-Mais c'est parfois bon le cul, non ! On dirait qu'on a honte d'avoir du plaisir. Parce que le plus souvent, on discoure sur la misère de l'amour, de longs romans, des poèmes en série, on détaille, on distille le malheur jusqu'à le transformer en une très belle histoire bien laide, un pur nectar à vomir, on ne s'en lasse pas ! Alors que le plaisir physique, on le réduit à du porno, du vulgaire, on détourne les yeux, pouah ! Cachez ce foutre, vite, épongez ! Ça je ne le pige pas, il mérite un meilleur traitement le cul, non ?

Et je cause sans crainte, pas avec cette guimauve élitique que je vais réveiller le gros en hibernation éthylique !

En tout cas, madame KK, avec plus ou moins de difficulté, dans un bouffée de bonne transpiration, se penche vers moi, elle m'ausculte d'abord incrédule, dans un silence de mort, puis me susurre dans le creux de l'oreille qu'elle va aller aux chiottes et que j'aurais dix minutes pour conclure mon affaire. Pas plus.

....

....

-Hé ho là !

-Hein ! quoi ! Mince, c'est le balayeur de feuilles mortes qui m'interpelle :

Alors, un petit coup de blues ? Ça arrive ces choses-là...

De quoi qui me jacte lui. J'émerge à peine des chiottes de la cantine, j'ai encore la bouche toute pâteuse. Et aussi les semelles crottées... J'ai dû faire un cauchemar, enfin j'espère, j'essaye de ravaler les images qui me barbouillent l'estomac, et pis là, je comprends où je suis, et aussitôt je sais que je m'en suis sorti ; clairement me voilà sauvé puisque je suis debout devant la tombe de ma femme !

LA SURPRISE

Sur le boulevard, une chinoise me sourit. Sûrement une de ces promeneuses. Je les vois souvent parler avec des hommes sur les trottoirs. Peut-être qu'elles ne couchent pas, qu'elles les écoutent seulement gémir. J'hésite à répondre à son sourire, à cause de l'ombre de la prostitution et aussi parce que je sors du boulot, sans désir, les yeux crevés, et bibi vidé. Elle va me prendre pour un occidental repu, blasé auquel il ne manque que des coups de pied au cul pour garder la forme !

-Bonjour, tu ne travailles pas aujourd'hui ?

Me confond-elle avec une de ses connaissances. Mais quel imbécile je fais, ça doit vouloir dire tu montes, un langage codé pour détecter les flics en civil.

Je lui propose de prendre un verre dans un café. Une façon polie de couper court, car je suis persuadé qu'elle dira non, les minutes sont comptées dans la profession, comme les taxis. Mais non, elle est d'accord !

-Tu invites souvent des inconnues ?

Je réponds :

-Pas assez souvent.

Elle me confie qu'elle est arrivée en France à l'âge de deux ans (à ce moment je saisis qu'elle ne doit pas avoir plus de vingt ans). Elle est étudiante. Je l'interromps car je veux savoir si elle est amoureuse. Elle rit. Maintenant je parle de poésie, j'évoque Nadja, je veux raconter l'histoire mais elle s'emballe, elle me tire les mots de la bouche, elle connaît le livre de Breton ! La chinoise qui n'est plus chinoise, elle vient du Vietnam, Las Kay sur le fleuve rouge, elle est toute excitée :

-J'aurais aimé vivre dans le Paris des surréalistes, ô oui, comme j'aurais aimé ça !

Je lui affirme que cette ville n'a jamais existé.

-Si ! Si ! D'ailleurs il reste un endroit où l'on peut encore retrouver un peu de ce Paris !

Perplexe, je l'interroge du regard. Elle me donne le nom de cet endroit :

-Le cimetière de Montmartre.

Je dis :

-Allons-y !

Ma réaction la surprend. Où l'étonne, je ne sais pas.

Elle se lève sans empressement. Elle semble hésiter, va-t-elle venir...non ? Oui ? Aller, finalement, on y va !

Peu avant d'arriver au cimetière, elle m'indique un hôtel :

-C'est ici... mon métier. Tu comprends ? Il faut bien vivre.

La façon dont elle le dit me donne l'impression qu'elle regrette de devoir vivre. Ce n'est pas pour me déplaire.

-Tu t'en doutais n'est-ce pas ? N'oublies pas que je t'ai surpris, un peu. Si tu peux, souviens-toi juste de cet instant, la surprise : tu penses à Lee, Lee comme un lit ou Lee comme lit un livre.

Elle rit. Et tout à coup, se met à courir vers l'hôtel. Je reste planté là. Comme changé en statue de sel, je regarde s'éloigner la frêle silhouette et je vois la porte vitrée de l'hôtel se refermer sur elle. Le lendemain je me décide, je rentre dans l'hôtel et je demande mademoiselle Lee à la réception. On me soutient qu'il n'y a pas de mademoiselle Lee ici.

Un hôtel sans Lee, c'est une histoire à dormir dehors, je dis. La réceptionniste concentrée sur son écran, ne relève pas. Mademoiselle Lee aurait souri. Sûrement.

LA GORGONASSE

Il y a des gens qui compartimentent leur vie, ils parlent de leur vie publique, de leur vie privée, spirituelle, etc. Ils découpent l'étron en chapelet mais le ciselé ne change pas la matière. Mais ne vous bilez pas surtout, je parle de mon cas, de mon tout petit cas.

La vie par-ci, la vie par-là, j'ai beau la découper en tranches, faut chaque jour que je me l'avale et ce n'est pas de la tarte ! Comme les copains, je la partage donc entre celle du boulot et celle en dehors du boulot, bien que le pourrissement ignore la démarcation. Enfin, ça peut donner l'illusion de pouvoir s'évader de l'une en marchant vers l'autre. Une sorte de jeu de ping-pong mais dans la peau de la balle qui se prend les coups de raquette et se cogne toujours quelque part, d'un côté ou de l'autre du filet. Pas drôle et sans intérêt. Ou, sans être une balle, cela revient à se retrouver à la table d'un tripot à devoir miser sans rien comprendre, paumé au milieu de personnes qui, elles non seulement paraissent avoir compris le règlement, mais aussi l'avoir écrit ! Autrement dit, compartimentée ou non, je ne trouve pas ma place dans l'existence, voilà c'est dit et alors !

Mon métier, ne me le demandez pas, ce n'est pas un métier. On me pourrit la vie avec des devoirs sans queue ni tête, je ne suis qu'une pièce interchangeable, mais je pourrais réagir comme les collègues, m'imaginer indispensable, devenir de plus en plus chiant vis-à-vis de mes semblables, grimper dans la hiérarchie quoi ! Je n'y arrive pas. Alors je triche parce que derrière tout ce cirque, il y a quand même une réalité à laquelle aucun organisme vivant n'échappe, c'est l'estomac et tout ce qui s'y rattache, le chaud, le froid, avoir un toit, des vêtements. Fabriqués en Chine ou non, il en faut.

Pour assurer la pitance, la paie du mois suivant, il est conseillé de cirer les pompes des messieurs aux commandes, un coup de lustrage et hop ! C'est gagné.

Mais il y a des périodes plus noires encore, il arrive que je me transforme en paillasson : avec le dégoût de moi et la satisfaction d'eux-mêmes, les chefs s'essuient la semelle sur mon dos. Tenir, un point c'est tout. Ma situation n'est ni pire ni meilleure que celle les carpettes de ma condition, c'est seulement le vocabulaire que j'utilise pour la décrire qui pose problème. Ainsi, ces histoires de torche-cul, de paillasson, je pourrais les exprimer d'une manière plus classique et parler plutôt de compétence, de sérieux, de satisfaction du devoir accompli, déballer le baratin du parfait petit soldat d'entreprise. Arranger la sauce ne change rien…Je suis un petit employé, avec une petite vie et une petite paye, voilà, un merdeux de son temps mais moi je ne m'oblige pas à noircir l'histoire des ancêtres pour en dégager une vague amélioration de ma condition, elle n'a pas changé, elle a évolué mais toujours dans la droite ligne d'une reptation.

En dehors de cette misère, je m'occupe d'une grand-mère acariâtre, méchante au possible. Je l'ai sur les bras à cause d'un esprit de culpabilité hérité d'une longue lignée de prolétaires plus misérables les uns que les autres, cette chose-là se refile comme l'alcoolisme mais la passation est bien vue parce qu'elle produit les bons bœufs du système. Bien entendu, cette vilaine bonne femme me déteste.

Autrement, du côté de la vie affective, c'est une bérézina. Quasiment, pas une nana ! Je n'ai donc pas souvent l'occasion de coucher et la chose me travaille malgré mon dégoût de tout ce qui touche au sexe. Et ce n'est nullement paradoxal : la nature de l'homme impose qu'il doit bouffer et qu'il doit baiser, que ça lui plaise ou non. Mon drame.

Au bureau, les secrétaires salaces, les responsables vicieuses, les employées lubriques, celles à l'entrecuisse sec comme un pied de vigne brûlé mais qui se présentent comme toutes les fontaines de Rome réunies en une seule lune, sont légion. Elles savent toutes que la réussite, la reconnaissance sociale, passent par la voie de la séduction, alors elles l'encombrent, elles jouent des coudes, des seins, des genoux, des fesses, tout y passe c'est le terrain de chasse...Et les petits merdeux sans potentiel d'avenir, explosés sous la féerie d'organes, dans les jaillissements de jupes, de bustiers, de soies, et bien ces merdeux-là sont balayés comme dégâts collatéraux par ces ambitieuses amorales.

Et oui, je n'aurais pas dû être là, sans perspective de lendemain, fauché, négligeable, tombé là au milieu de ce chemin. Bon, j'espérais bien soulever une occasion, et alors, c'est si terrible ! D'accord, ça manque de romantisme, quel porc ! quel vicieux ! J'imagine bien le portrait qu'elles me tailleraient ces dames. Pourtant à l'étage au-dessus, si les organes sont les mêmes, le vocabulaire change de registre, on parle de sexualité, d'éros, d'appétit, de luxure, de libertinage. Les mots se posent en queue-de-pie sur le cochon.

Moi, je peux poser mes couilles pleines dans une brouette et la pousser dans la boue avec mes gros sabots. Cette silhouette ancestrale du gueux rayonnera toujours en filigrane autour des types de mon espèce.

Mais heureusement que je dois torcher la vieille ! Quand je songe à ce corps délabré, ramolli, plus de fesses, des jambes comme deux piquets, le buste posé dessus comme un paquet de linge sale, cette vision m'aide bien à éteindre mes ardeurs, à me refroidir. Alors quand ça me chatouille trop fort, je pense à la vieille, je l'entends qui me crie dessus :

-hé le chapon, amène-toi, j'ai chié !

Parfois aussi, elle veut me briser sa canne sur la tête :

-gaffe à ton caillou, j'te la casse dessus ! Foireux, empoté, bon à rien !

Je loge chez elle, dans le quinzième, près du parc Citroën, rue Cauchy. Je préférerais louer un petit studio dans le dix-neuvième - un petit chez-soi vaut mieux qu'un grand chez les autres, qu'est-ce que j'ai pu l'entendre de la bouche de mon père, cette tirade ! Lui qui n'a jamais vécu ailleurs que dans des hôtels ouvriers qui appartenaient tous aux usines où il s'esquintait la santé. Enfin, tant que je me sentirai lié par ce devoir de petit fils, ce sera plus commode pour moi d'habiter chez elle, rien d'autre.

Maintenant que le décor est planté, je peux introduire la gorgonasse.

Elle couche avec le patron qui est évidemment marié, et père de deux ou trois enfants, comme tous les honnêtes hommes...Quand il lui promet de quitter sa femme, elle sautille dans les couloirs du bureau, elle se remue le popotin, elle rit, elle danse, elle embellit. Mais quand la promesse s'éternise, qu'elle ne voit toujours rien venir, la miss, peu à peu, s'éteint, se consume, déprime, elle gémit, me rend visite dans le bureau, de plus en plus souvent. Elle se confie, entre dans les détails, m'explique combien son amant est égoïste, calculateur...Elle pleure sur mon épaule, des larmes très chaudes. Elle sent bien qu'elle ne me remue pas seulement mon pauvre cœur. Et j'ai beau me projeter la vieille en couleur et en gros plan sous l'occiput, avec les seins qui coulent, le gras du bide déroulé en couverture mitée sur le triangle ébouriffé, rien n'y fait, la cavalerie des croupes opulentes décime le sinistre cortège de momies ! Et voilà comment je me suis retrouvé au lit, dans un hôtel, avec elle.

Je prends vite goût à ses caresses mais elle prétexte s'être fait trop souvent manipulée et préfère refreiner mes élans :

-Engage-toi davantage, les coups à l'hôtel, ce n'est pas mon truc, tu peux le comprendre.

Je la rassure, que je ne suis pas marié mais que je dois m'occuper d'une grand-mère, que je vis chez elle. Je me vois déjà dans l'obligation de développer, cela ressemble à une excuse bidon, carrément risible, mais non, je m'étonne : la gorgonasse sait déjà tout, elle connaît parfaitement ma situation. Par hasard, elle le soutient, elle est tombée sur mon dossier, au service RH. Pourquoi pas.

Pis les jours s'étirent en longueur, elle pose des conditions draconiennes aux coucheries, des blablas et des blablablas, des leçons de moral, des reproches :

-Tu ne te prends pas en main, tu n'assumes rien. T'es-tu seulement renseigné pour un appartement ? Non ! Tu vois !

Alors pas de câlin au vilain monsieur ! dix fois, vingt fois la scène se reproduit, au poil près, et toujours s'achève avant le dessert.

Je me décide donc à chercher un logement mais très vite la vieille soupçonne quelque chose d'anormal, elle doit sentir que je cherche une issue de secours, la sortie…Elle use du chantage à la maladie, elle appuie où ça fait mal :

-Va, laisse-moi crever seule ! Ta mère serait fière de toi, et ton père donc ! Tu m'abandonnes au pire moment, à quelques pas de la tombe, aux derniers instants de ma chienne de vie ! Dégage, va forniquer !

Ensuite elle tourne de l'œil, le scénario est rôdé, après elle réclame un verre d'eau, et une dernière chose encore, que j'appelle le médecin. Pour la nième fois je l'appelle, et pour la nième fois j'annule mon rendez-vous avec l'agence pour la visite de l'appartement…Le film aurait pu tenir l'affiche quelque mois encore mais entre-temps la gorgonasse m'apprend qu'elle est enceinte.

Elle pète les plombs quand je lui suggère l'avortement, aussitôt elle déballe les grands mots, grimpe sur ses grands chevaux, parle de viol, de harcèlement sexuel, et qu'elle va me pourrir la vie :

-salaud !

Je suis un peu sonné, j'ai du mal à digérer tout ce fatras. Et elle, tout à coup, se fait larmoyante, chattemite, roucoule, elle fait la poule, se frotte, j'ai le cerveau qui s'encouille, conséquence quand je bande, je perds pied, quelle tare !

Dans quel merdier je me suis coulé ! je me rends compte maintenant combien je n'ai pas envie de m'installer, ni de devenir père, quelle horreur !

C'est bien ma veine, je tire un coup et illico je deviens père d'emmerdements nombreux ! Je suis maudit !

Je tourne et retourne ce problème insoluble dans mes neurones en perdition. Ça doit me donner une mine d'enterrement et rebelote la vieille flaire la nature de mes ennuis :

-Pauvre tache, tu t'es encore fait niquer mais pas comme t'aurais voulu hein ! Chapon ! Mou de couilles ! Que ça te serve de leçon monsieur la branlette ! ha !ha !ha !

Je traîne une misère sans non, je dépéris, mon palpitant n'est plus qu'un sac de plomb, je respire si mal que je me persuade que mes poumons se sont fait la malle pour des *côtes* plus pacifiques que celles de ma cage thoracique qui me comprime salement depuis des jours, sans relâche.

Dans cet état lamentable, j'évite de croiser la gogonasse mais je sais que ces dérobades ne peuvent pas durer.

Un jour, elle arrive sur moi, elle a l'air bien décidée. Elle a une proposition à me faire. Adieu pompons, falbalas, décolletés pigeonnants, jupes plissées, petites culottes ajourées, maintenant elle présente l'allure de l'assureur intègre, avec un contrat sous le bras ; la panoplie a changé d'objectif mais pas d'âne. Ainsi vêtue donc, *plus que de probité candide*, elle m'informe de ce qu'elle a pensé pour nous deux, elle dit : notre avenir. Et s'il est aussi clair que les explications qu'elle avance, il est bien sombre.

En gros, j'apprends que si j'accepte de reconnaître l'enfant, je m'assure une carrière fulgurante dans la boîte. Ah bon…Je tique, sceptique…Elle s'excite, veut me convaincre sur le champ, elle me promet qu'elle ne réclamera aucune pension, aucune, elle répète – tu as juste à le reconnaître,

c'est tout, elle insiste. Ça ne tient pas, je lui oppose mollement que je ne veux pas d'enfant, que
ce n'est pas le bon moment. Elle s'énerve – mais
tu n'auras pas à t'en occuper, rien, je ne te demande qu'une simple signature au bas d'un do-
cument administratif ! Je soupire, je me demande
à quoi ça rime ce cinéma, mais ma perplexité in-
supporte la gorgonasse, elle change de ton, me-
nace :
- Si tu refuses, tu auras plus à perdre qu'à gagner,
je te l'assure. Pour commencer, tu ne feras pas
long feu dans la boîte.
Je me frotte les yeux longtemps, je n'ajoute rien,
ça l'agace, elle tapote la table avec ses ongles
longs, elle s'impatiente, ses narines se dilatent,
elle bout, elle soupire à soulever la poussière autour, à me décoiffer. Pis elle finit par me lâcher le
morceau : l'enfant qu'elle attend n'est pas de moi
mais le vrai père est dans l'impossibilité de le reconnaître, à cause d'une situation particulière.
Ce qu'elle m'annonce, ça me coule du petit lait
dans le gosier, pour la première fois de ma vie, je
me sens presque heureux ! Faut que je me re-
tienne de l'embrasser, de lui sauter au cou, trop
beau, trop merveilleux ! je m'élève dans les airs, la
légèreté c'est moi ! Et là, je
déjante, emporté par une joie si intense, je lui dis
que je suis prêt à reconnaître cet enfant qui n'est
pas de moi ! J'exulte, je chante, si ça t'arrange je
signe maintenant ! je fredonne que la vie est belle,
tralala ! et lalaire ! un peu après. J'éclate de rire, je
viens d'imaginer la tête de la grand grand-mère !

Et la gorgonasse n'en revient pas, elle ne m'a jamais vu comme ça, elle a les serpents tout quillés sur le caillou, elle zozote, elle en a un tombé sur la langue, à croire, je lui redis : pas de problème, il n'est pas de moi, je signe ! 3 fois, je signe. Elle me comprend plus, moi non plus ! À dans 8 mois parlà, je lui promets encore. C'est comme un contrat de non-père à vie, si je signe, mais oui, plutôt deux fois qu'une, c'est comme une vaccination contre la paternité qui me tombe du ciel !

C'était bien parti avec elle. Tout avait commencé avec un dessin dégotté sur Internet, un dessin cochon qui m'avait bien plu, pile poil ce qu'il me fallait et j'avais voulu contacter l'artiste, par la messagerie.

Sarah Latouffe, c'était le pseudo qui figurait dans la rubrique *contact* du site, un vrai nom d'artiste. Toujours délicat d'aborder une inconnue par le biais de la cochonceté. J'avais une expérience de gros dégueulasse derrière moi mais dans le milieu artistique c'est monnaie courante et les tordus de mon *acabite* sont repérés plus vite que les génies en herbe.

À côté du dessin de Latouffe, *l'origine du monde* pouvait bien aller se rhabiller, aussi je m'étais dit que pour crayonner un truc pareil, la gonzesse devait drôlement en vouloir, qui avait peut-être là de quoi régaler ma libido ! Voyez illico la préoccupation picturale qui m'agitait le bocal. Pour introduire la graphiste coloriste peintre et poète, pas question de causer de son trait, ni de sa belle mine, je voulais du direct et je lui avais avoué que ses œuvres m'ouvraient un tel appétit sexuel que je ne pouvais résister, il fallait absolument que je me branlasse ! Et j'expliquais ce phénomène par la force d'expression peu commune de son coup de crayon !

Je ne sais si Sarah Latouffe avait pris le temps d'analyser mon argument – mais les artistes ronronnent aussitôt qu'on les caresse dans le sens du poil, c'est un peu leur nourriture, car elle aurait pu émettre de sérieuses réserves sur cette critique qui reconnaissait implicitement la qualité d'une composition à l'aune des érections qu'elle provoquât ! Cela renverrait au diable vauvert pas mal de chef d'œuvres.

Bref, quoi qu'il en fût, elle n'avait pas mal réagi et elle semblait avoir hissé ma vulgarité au rang d'un jaillissement artistique ! Je pense moins par l'impudeur de mon effusion que par la source d'inspiration de ma libido qui n'était d'autre que ses propres gravures.

Mais le *dial* s'était vite perverti et l'intempérance de l'introït avait dégénéré en une bavette de la rue du commerce - la vie d'artiste avec des fins de mois chaque jour et jamais la fin des haricots en conserve, pas de l'extra fin, du troisième choix, au grand dam de l'estomac, la finesse étant réservée pour l' âme du créateur, je savais tout ça. Enfin la masturbation avait débouché sur le catalogue de ses œuvres à vendre, elle me réservait des linographies avec un tirage très spécial, un sexy à fort grammage. Mince alors, si ton plumage se rapporte à ton grammage.

-si j'accepte un RDV pour l'achat des estampes et des vignettes poilues ? Et comment, voyons – nous au plus vite !

Je pigeais bien qu'elle ne pouvait me proposer directement de nous rouler sur le lino, c'était une esthète.

Vous devez vous demander comment un béotien avait pu s'égarer dans la gent des créatifs. Vu mes manières de bouseux, je faisais tache autant qu'un socialo dans un parti de gauche. Peut-être mais j'y étais ! En vérité, j'écrivais des bouquins pornos qui ne se vendaient plus et je cherchais une illustratrice pour relancer les ventes, un peu comme Cloclo avait eu l'idée des Clodettes pour redorer ses spectacles. Mais à mon niveau, j'étais plus proche de la paille que des paillettes, puisque je n'avais même pas de quoi payer la faiseuse de miracles...Alors j'avais décidé de me débrouiller avec des combines, des mufleries, pourquoi pas séduire une artiste qui me dessinerait de jolies cochonnes, gracieusement ! Je sais, ce n'est pas brillant, mais j'avais soif tellement soif et les ardoises dans les bistrots, ça n'existe que dans les films, dans la vraie vie, les verres, on ne peut les vider qu'une fois payés – j'avais absolument besoin d'argent.

Une fois la reine du pinceau débusquée, après les collages, les marouflages, les frottages, je voyais l'éditeur comblé et moi, avec mon beau chèque tout neuf, en train de le changer en liquide ! J'espérais des cataractes, des multiplications de bouteilles, je changeais tous les culs en vin, les chattes en bière, les seins en Pastis, je n'arrêtais plus les miracles, une vraie fabrique, les chaînes tournaient 24 heures sur 24, j'exportais, j'arrosais la planète ! Ah ! la soif insatiable qui me tenaillait, incroyable !

Mais voilà que l'éditeur était venu m'annoncer qu'il m'avait trouvé une nana avec un coup de crayon susceptible de relancer les ventes.
-À défaut de style, elle donnera des formes à tes textes ! Seulement attention, elle est très demandée, ce n'est pas gagné, va falloir jouer serré, qu'il m'avait averti.
Inutile de me faire un dessin, j'avais saisi l'allusion, c'était les droits d'auteur que j'allais devoir partager, autrement dit, revoir mes litrons à la baisse, me contenter de canettes de 75 cls, voire de 33 cls.
De toute manière, j'étais dans une situation pécuniaire plus que délicate vis-à-vis de ce monsieur, et il ne me restait qu'à saluer l'idée d'une rencontre avec cette Berthe Morisot.
-tu verras, elle a de l'or dans les mains, il m'avait dit.
-c'est pas comme dans mes poches, j'avais glissé mais la petite note d'humour, elle avait glissé à la trappe, il avait aussitôt embrayé sur de l'anecdotique :
- elle m'a raconté une histoire de dingo qui te prouvera l'impact que peut avoir ses œuvres sur les amateurs de cul, nos clients potentiels, ça ne t'échappe pas, écoute : un type l'a bombardé de mails en lui affirmant qu'il ne pouvait pas se retenir devant ses dessins, il lui a carrément avoué qu'il se branlait en les regardant – oui, qu'il lui était im-

possible de se contenir ! Qu'il y avait dans ses œuvres plus de puissance sensuelle que dans la chair elle-même, qu'elle déshabillait le nu, enfin un truc du genre !

-ah, j'avais dit, je n'en menais pas large, la crainte de voir tomber mon masque. Dans le in petto complet, je pensais : putain que le monde est petit, pas croyable... Mais fallait bien que j'aie l'air piqué par la curiosité, pourtant je n'avais qu'une envie, me tirer dans un trou de souris. Lui, avait continué sa tirade :

-Elle a réussi à le calmer. Incroyable, ce critique d'art avec son détecteur de chefs-d'œuvre en branle !

Il rigolait et à chaque éclat de rire je m'enfonçais de quelques centimètres, j'allais finir en nain lubrique brouetté par ses propres couilles ! L'éditeur n'arrêtait plus, il enchaînait les contrepèteries comme si un gars qui se branlait devant des coloriages ça le faisait bander à son tour, une mise en abime quoi mais l'abime c'était moi !

-non mais imagine le dingo ! qu'il répétait.

Et il avait délayé :

-et sa misère sexuelle ! not' fond de commerce hein, on ne va pas cracher dans la soupe ! elle lui a filé un rencard bidon, pour avoir la paix. Enfin, elle n'avait pas perdu son temps car l'ithyphallique déjanté lui avait inspiré un croquis, un mec avec la culotte aux chevilles dans un musée, je ne sais pas trop, enfin là on était pliés en quatre ! Je le voyais comme je te vois, ha !ha !ha ! Tiens, à propos, une idée me vient : pourquoi tu ne t'inspirerais pas de cette anecdote pour écrire quelque chose ? En plus, l'illustration existe déjà, hein ?

Ça turbinait sous mon crâne; de la vapeur devait me sortir des oreilles; je cherchais la bonne excuse, je trouvais que c'était un faux bon sujet, qui avait pas de quoi développer...

Mon peu d'entrain l'avait rendu mauvais, il m'avait balancé qu'il me faudrait plus d'une illustratrice pour me faire recoller au peloton :

-ce n'est pas toi qui banderais pour des gravures !

Tu veux que je te dise : tu n'as plus d'imagination, tu devrais sérieusement songer à ta reconvention.

Fabrice Marzuolo,2015